# POSH & BECK

# 貝克漢&維多利亞

——新皇族的真實人生

# 貝克漢與維多利亞

## —新皇族的真實人生

目錄


第一章 新皇族的誕生 7

第二章 財富與聲名之夢 31

第三章 知名五人組 59

第四章 一日之后 109

第五章 相愛容易相處難 119

第六章 名為布魯克林的橋樑 135
第七章 家庭事業兩相難 195
第八章 飆車怒漢 217
第九章 維多利亞公共有限公司 235
第十章 芳心所望 255
第十一章 2001名人紀實 271

#  第一章

# 新皇族的誕生

POSH
&
BECKS

維多利亞臉上佈滿淚痕，不安地在娘家的客廳裡踱來踱去，這是充滿戲劇性、情緒猛烈爆發的一刻，她心裡滿是挫折、傷心與憤怒，儘管她的母親潔姬（Jackie）和父親東尼（Tony）不斷地安撫，也無法平靜下來。辣妹合唱團的歌迷絕對無法想像，這個滿臉淚水，滿口咒罵的年輕女子，就是那位以冷艷高貴氣質出名的歌手—高貴辣妹。在這星期六的早晨，維多利亞只是一個受到驚嚇，幾近歇斯底里的年輕母親，擔心著寶貝兒子布魯克林的安危。

一九九九年九月的一天傍晚，與史上最成功的女子樂團辣妹其他成員在錄音室工作了一天之後，維多利亞回到位在赫福里郡仿都鐸式建築的娘家。那天晚上維多利亞還在想著「辣妹勢力」的口號。但是當她父親告訴她警察來電通知，有多項線索顯示，有人預謀在週末綁架尚在襁褓的布魯克林或維多利亞本人，世界瞬間變色。維多利亞驚惶失措，這是她受到最嚴重的一次威脅。

一開始，維多利亞就像一般人一樣，不敢相信她所聽到的事實。她和貝克漢的確不斷的收到死亡恐嚇，有一次，他們還收到刻有大衛名字的子彈。爲此他們已經僱用了私人保鑣保護六個月大的兒子。她也知道警察在她娘家高夫歐克附近巡邏，她和貝克漢才結婚幾個星期，這些日子一直斷斷續續地住在高夫歐克。然而一切相安無事，

危險似乎並不存在，現在居然有警察告訴她布魯克林命在旦夕，她第一次感受到身為名人光鮮燦爛的生活背後，黑暗的另一面，這令她驚慌失措。事後回想起來，她說：「每一個父母的惡夢就是小孩發生事故。」

與英國足球隊友在訓練營受訓的貝克漢，一知道兒子可能遭到綁架，馬上開車回家。當時，英國隊的教練凱文・奇更（Kevin Keegan），還有隊上的心理治療師魯文（Gary Lewin），陪同貝克漢一同返家。這對新婚夫妻，因為奇更教練在場而鬆了一口氣，兩人都欣賞他的誠懇與富同情心。他們認為奇更比前一任教練更有耐心，同時能夠提供他隊上球員更多支援。維多利亞對於足球世界並沒有太多了解，但是她對奇更讚不絕口：「奇更眞是一位古道熱腸的經理。」

這位先前得過歐洲盃年度足球員獎（European Footballer）的經理，試圖理性的看待這樁恐嚇事件。他告訴維多利亞與貝克漢，當年他在漢堡隊（Hamburg）時，也曾遭受同樣的威脅，所以他能夠了解貝克漢的心情，可是眼前還有更急切的事情需要完成。奇更已經跟球員們確定當天下午要在溫柏黎（Wembley）歐洲冠軍賽資格賽上出戰盧森堡隊（Luxembourg），以英國球隊的實力，預計能打進前十一強。如果貝克漢蓄意不出賽，一定會引起媒體的喧嚷。

然而，憂心的貝克漢仍執意陪伴在維多利亞與布魯克林身旁，除非能確定他們安然無恙，否則他不肯出賽。奇更向貝克漢保證出賽與否完全由他自己決定。但是還有其他重要的事情：再過幾個小時，維多利亞應該到位於聖約翰的私立威靈頓醫院（Wellington Hospital）動美容手術，這是維多利亞好不容易避開狗仔隊的跟監，從繁忙的行程中排定的手術。錯過這個時間，可能需要再等上一年。正當大家傷透腦筋，試圖打破僵局的時候，有人建議全家人離開高夫歐克，移師到英國足球隊的總部伯漢海灘，當地有全天候的警察巡邏，貝克漢同意這個計劃。

星期六凌晨三點，貝克漢和教練、心理治療師便出發到球隊總部爲他們安排的住處。一個小時之後，護送的車隊堂皇地離開維多利亞娘家古色古香的英國別墅，花了三十五分鐘到達英國足球隊總部，小歇片刻之後，貝克漢當天早上又回到隊上練習。維多利亞依行程住進醫院，布魯克林則由維多利亞的父母親照料。

對於國際賽事而言，那不是一場理想的準備。而苦難卻還沒有結束，接下來的幾個月，貝克漢一家人都生活在被綁架的的陰影和恐懼當中，不斷接收到可怕不祥的訊息。一個特別令人毛骨悚然的例子是歹徒在舊報紙照片上加工，讓維多利亞和布魯克林的頭被子彈穿透，血流不止。圖片中所透露的訊息令人不寒而慄：「你死定了！」

最令人擔心的是計劃綁架的歹徒似乎對於貝克漢一家人的生活細節相當了解，這加深了他們的恐懼。警方當然相當重視這些威脅，做電話錄音，仔細地監控貝克漢一家人的郵件，將信封以及郵票都做過DNA測試，試圖找出歹徒的下落。維多利亞的發言人艾倫・愛德華（Alan Edward）證實：「我經常接到警方的電話，通知我歹徒依然積極地進行著綁架布魯克林和維多利亞的計劃。」

根據可靠的消息來源，後來警方之所以會對這樁綁架計劃如此重視，是因爲曾經有過類似的事件發生在另一位辣妹成員潔芮・哈樂薇兒(Geri Halliwell)，以及另一位不知名的皇室成員身上。前披頭四成員喬治・哈里森在自己家無故受到匕首攻擊，以及電視節目主持人吉爾・丹杜（Jill Dando）遭槍擊等事件，一再提醒貝克漢與維多利亞恐怖威脅的眞實性。就像維多利亞常說的：「我可不想落得丹杜一樣的下場。」

自從一九九九年七月，在精心安排設計的婚禮上，貝克漢夫婦坐在王座上喬裝成英國新的皇室夫妻之後，他們還沒有實踐名流生活。新婚的不適應、和父母同住的壓力、照顧剛出生就經常生病的布魯克林致使睡眠不足，諸如此類的生活壓力，更深化了「明星難爲」的事實。誠如小說家勞瞿（David Lodge）所觀察到的：「身爲明星，改變了一個人與這世界的關係。從一個個人變成大衆的財產，人們傾羨欣賞的對象，人們批評、嘲弄揶揄與怨恨抨擊的目標。」不只是怪人、不知名的人費力地想要參與明星的生活，一般的大衆也一樣。在足球賽場，貝克漢的表現經常會因爲維多利亞粗糙的緋聞，以及對愛子布魯克林的殘酷威脅而受到影響。

大衆對這對夫妻的敵意有時表現得很明顯。二〇〇〇年一月在曼徹斯特的一場頗受爭議的拳擊賽，參賽者是聲名狼籍的前任世界重量級冠軍泰森，當時貝克漢夫妻所受到的待遇就是很好的例子。和好友及曼徹斯特隊友一道用過晚餐後，貝克漢一行人來到的貴賓包廂。在泰森與法蘭西斯正式交戰之前，典禮主持人介紹了每位在場觀戰的拳擊明星。這些老資格的明星一個個受到觀衆大聲醉酒喧鬧的喝采。最後，典禮主持人聲稱沒有貝克漢夫妻的參與，就不算是完整的拳賽，把維多利亞和貝克漢說的像是皇室貴族一樣。但是一提到他們的名字，觀衆不但沒有喝采歡呼，反而報以難聽的噓聲、尖叫著喝倒采及咒罵。在貴賓包廂座位附近的拳擊迷乾脆站起來，當著他們的面吼叫辱罵。這樣充滿敵意的怒氣在比賽後還持續了數分鐘。貝克漢夫婦謹愼地待在貴賓包廂內，直到已驅散了大部分的群衆之後，才得以平安離開。雖然酒精很顯然是這一場混亂的主因，類似的反應卻相當常見。就像是討論皇室成員一樣，只要一提到貝克漢的名號，就很容易引起強烈的爭論。這實在是很奇特的現象，群衆有誹謗偶像

的需要。

從表面判斷，貝克漢夫妻似乎擁有一切，他們有許多令人欣賞的特質，這一對才子佳人深愛著彼此，而且常公開表達愛意。他們關愛彼此的家庭，且在明星高度的曝光環境下，盡全力地過著正常的生活。貝克漢不只是同輩中最出色的足球選手，他同時也是一位忠實的父親和充滿愛意的丈夫，他非常樂意在公開場合表現出他對妻兒的鍾愛。因爲兩人已經擠身名流菁英之輩，他們得非常小心才能夠繼續保有原本的赤子之心。

維多利亞，身爲辣妹合唱團的成員，賜予新時代女性新的口號——「辣妹勢力」，大力宣揚女性就算沒有比男人強，也要與男性並駕齊驅。就像任何會成功的明星一樣，維多利亞表現出驚人的決心、自信以及堅韌不懈的動力。她之所以能成爲辣妹合唱團成員中最富有的一位不只是靠運氣。她相當有商業頭腦，也清楚聲名無常，應該在有能力的時候善用機會。

當維多利亞與貝克漢兩人被視爲當代典範時，他們自己卻處之泰然。他們很清楚隨時會有批評，亦很坦然地面對自己的優缺點。尤其是維多利亞，她不諱言地說：「我是隻情緒多變的牛」。這樣直率的態度讓喜歡她的人更覺親切。就像爲維多利亞單飛事業安排第一場俱樂部表演的約瑟夫所言：「她是個女強人，非常直接，非常開放，一點都不扭捏做作。」

維多利亞的喜惡分明，態度坦白直接。她曾公開宣稱超級模特兒娜娥蜜・甘貝爾（Naomi Campbell）是個「賤人」；二〇〇〇年三月，在全英音樂獎的典禮中遇到電視廣播名人依凡斯（Chris Evans），受到羞辱時，當場發表批評，毫無忌憚。維多利亞痛恨兩面人，所以她對從足球明星轉為電視主持人的林可(Gary Lineker)有嚴厲的批評，因為林可加入英國廣播電視頻道的電視綜藝節目《他們以為完了》（They think it's over），和搞笑藝人麥葛司 (Rory McGrath)在節目中拿維多利亞開玩笑。她想起當她第一次在前往法國南部的飛機上遇到林可的時，他表現得十分諂媚，急於贏得維多利亞的友誼。

有人批評他們的婚禮過於奢華自戀。在婚禮上拍攝數量驚人的相片，對維多利亞而言也不是有趣的經驗。當然，她非常想要對全世界展現她平實的個性，她接受偶像艾里基（AliG）所主持的諷刺性談話節目的訪問時，就表現出坦誠開放的態度。維多利亞與貝克漢都是麥高文（Alistair McGowan）的仰慕者。麥高文在他自己的英國廣

播電視影集當中，和安肯納（Ronni Ancona）模仿扮演維多利亞與貝克漢。貝克漢對《OK!》雜誌表示：「我們最喜愛的一幅畫面是我們坐在王座上，在晚餐的時候，我問維多利亞說爲什麼這些豌豆還在豆莢裡面？而維多利亞告訴我：『親愛的，他們是糖莢豌豆！』這讓我捧腹大笑。」

「我最欣賞維多利亞的口才」，知名的流行明星露薏絲・諾丁（Louise Nurding）說。她和維多利亞一樣嫁給了知名的足球選手，利物浦隊的雷納普（Jamie Redknapp）。「她眞的該坐在家裡對一切一笑置之，她實在不需要太在意別人的看法。」

儘管遭受強大的壓力，維多利亞與貝克漢仍盡量享受正常的生活。就像維多利亞的母親潔姬所下的評論：「他們就像一般人一樣會到特易購或是其他大賣場逛街購物。雖然他們會盛裝打扮出席首映會，但是對於人們對他們高度的興趣卻還是不習慣。」維多利亞熱心地爲這項評論背書：「我們回家換上睡衣，吃印地安外賣，看電視節目六人行。」他們喜歡普通正常的生活。娛樂事業作家莫罕（Dominic Mohan）認爲「維多利亞與貝克漢吸引人的地方，就在於他們也許比你我更富有，但是一樣會看電視影集，也會和母親一起吃吐司麵包。」

他們的財富、背景和生活型態總是全國民衆議論紛紛的話題。人們總是喜歡討論與他們的地位和生活有關的緋聞，所以他們受到同樣程度的喜愛、痛恨和嘲笑。有人在他們位於艾得黎家門口送上鮮花，也有人上網去找有關維多利亞與貝克漢的最新笑話。維多利亞經常在青少年的問卷調查中，獲得最難看或是最不受歡迎的榜首。只要她在報紙或是雜誌前幾頁出現，就能造成和黛安娜王妃一樣的效果，令刊物銷售量馬上增加。《鏡報》的編輯摩根坦承說，「當銷售量下滑的時候，我們引用皇室成員的新聞炒作，現在我們則採用維多利亞皇后與貝克漢國王。」當維多利亞於二〇〇〇年八月因爲病毒感染引起腦膜炎的時候，電視在新聞快報當中，以一般留給皇室成員的敬愛口吻報導著她的病痛。

維多利亞與貝克漢轟動的「加冕典禮」在一九九九年七月的婚禮上一併舉行，場景是在經過精心安排，美麗如童話仙境般的愛爾蘭路得史東堡(Luttrellstown Castle)。如同眞正的皇家婚禮，他們生產了許多紀念馬克杯、擦拭杯盤用的抹布和杯盤組以誌紀念。八卦雜誌《OK!》刊出獨家的照片，因而獲得了破紀錄的發行量。同一月份，艾德華王子迎娶瓊斯小姐，一家知名的報紙問卷調查讀者認爲哪一對最具王室的尊貴風範，結果威塞克斯伯爵與伯爵夫人險勝維多利亞與貝克漢。不過，網際網

路提供了比較民主的大眾觀點。據統計，約有五萬二千六百個提供貝克漢相關消息的網站，一萬零八百個有關維多利亞的網站，可是有關於艾德華王子與蘇菲的網站卻只有一千二百個。

也許未來的歷史學家，那些喜歡以君王的名字定義每個歷史階段的人，會在第三個千禧年開始的時候，將英國稱作「新維多利亞時代」。司達福郡大學凱摩教授（Ellis Cashmore）認爲：「貝克漢是這個時代精神的最佳表率。」黛安娜王妃的死亡，引起大眾對英國皇室的氣餒與憤怒。現在更演變成不滿以及漠不關心，以致使皇太后一百歲誕辰紀念失色不少。貝克漢一家人取代了黛安娜王妃在英國人民的心中所佔的情感地位。大眾對於黛安娜的鍾愛已轉移到赫特福郡王后——維多利亞的身上，維多利亞的婚紗已經正式地放置在維多利亞與艾博特博物館展覽。

該博物館以收藏藝術與設計爲主要目的，多年來已展示了許多皇室的服裝。當維多利亞捐出婚禮珠寶頭飾，爲慈善義賣募款時，更有人進一步將已經逝世的黛安娜王妃和溫莎公爵夫人的珠寶收藏，拿來與維多利亞和她的珠寶相比較。貝克漢夫妻迷人的照片看起來就像英國封建時代的貴族，許多人將這些由攝影師李伯威（Annie Liebovitz）拍攝的照片拿來與十七世紀的宮廷肖像畫相提並論。

在一場慈善募款流行歌曲演唱會，查爾斯王子非常關心地詢問貝克漢夫婦一歲的布魯克林是否健康，貝克漢的「皇族」地位就此底定。布魯克林的出生，的確較像是皇室成員的誕生。滿心歡喜的貝克漢，在安德魯王子女兒出生的同一家私人醫院接受記者的攝影採訪，當天新聞快報報導維多利亞產子的消息。他們在人群簇擁中坐上專人駕駛的私家車返家，途中還有保鑣與警車隊護航。

布魯克林可以說是英國第二名電力寶貝，第一名是首相布萊爾的兒子——李歐。到目前為止，布魯克林經由父母的安排，已經出版了一本關於牙牙學語、生活點滴的書籍，並化身為卡通寶貝出現在第三千期的《比諾雜誌》（Beano）上，還以精心編排的商業相片在《OK!》雜誌中獲得顯著的報導。據悉貝克漢夫婦以一百萬英鎊的代價，將他們婚禮的相片賣給《OK!》雜誌，當時，這份專門報導名人消息的《OK!》雜誌連續兩期，刊登十六張照片，專門報導布魯克林。即使貝克漢夫婦利用照片發了一筆小財，維多利亞謝絕媒體打擾的態度和查爾斯王子、首相布萊爾卻是相同的。她堅持：「我不要我的孩子一直拍照，也不要這些照片出現在所有的雜誌上。我希望我的寶貝可以擁有正常的生活。」

貝克漢王室擁有許多擁護者，除了在杜莎夫人蠟像館有貝克漢夫婦的蠟像之外，

有一座十二呎高貝克漢的雕像放置在泰國曼谷八里廟。廟裡面年長的和尚解釋說：「足球已經成了一種宗教，有上百萬人信仰。」英國的藝術家威更，花了許多的時間雕刻了一座貝克漢、維多利亞與布魯克林的木雕。

在現今宗教信仰低落，大眾普遍不相信來生的情況下，明星名人，一個有機會成爲不朽之身的身分，已經成爲另一種信仰。就像小說家米勒（Norman Mailer）所言，「在好萊塢長大，或是來自好萊塢的明星，是新的上帝。」一般大眾和他們所喜愛的偶像們相互作用，評論家雪利（Jim Shelley）說：「這已經變成了自給自足的戀愛。我們越愛這些明星，他們就愈愛自己，然後我們還會更愛他們。」

我們不但可以原諒，同時隨時都在縱容這些明星的犯法行爲，催生了所謂的「明星合法」的現象。有人因爲身爲明星而逃脫了謀殺罪，這無疑會讓相信法律規則的人氣餒。緝查處警官瑞特表示：「明星有一種氣質，這種神秘的名人氣質讓陪審團難以定他們的罪。」當貝克漢因爲違規駕車事件上訴成功時，有人也提出相同的憂慮。對於明星在媒體與其他機構的影響力，這個複雜的事件提供了頗具啓發性的解釋。

名聲所賦予的刀槍不入、全能全知現象，在維多利亞與貝克漢身上完全體現，他們代表了流行音樂界和運動界密切結合。他們是知名的夫妻檔，形象彼此相連、無法分離，他們的雙重性增添了大衆對他們的想像空間。貝克漢夫婦一路走來，已經成爲英國現代生活的一種表徵，「貝克漢文化」這個詞代表了當代的節奏。根據一項調查報告，這對夫妻檔被列爲英國最具影響力的一百位人士之一，排名在歐洲委員會主席與最優秀的科學家史蒂芬霍金教授之間。

貝克漢文化這項觀念引起了全國性的爭論。有人認爲這是個自相矛盾的說法。「貝克漢文化事實上代表了文化的倒置，」倫敦大學的精神病人格分析學家威爾森博士說：「貝克漢文化是在頌揚庸俗。」在現今消費者至上的時代，貝克漢夫妻擺闊的行爲很自然地有人稱許、有人忌妒，難怪會有許多大公司想盡方法要請他們代言產品。「他們的行爲就像中了樂透大獎的人，除了特別富有之外，他們跟一般平民百姓沒有兩樣，只是比較幸運。」他們奢華的生活型態，連家鄉的人都強烈反對。貝克漢家赤郡教區的教區牧師李爾形容貝克漢一家人是他所見過最物化的人，他並譴責他們是異教徒。現任與歷任政府教育指導教授的史蒂芬（Dr. Martin Stephen）博士認爲：「我們的文化鼓勵年輕人崇拜外貌而不是聰明才智。現在的文化就是崇尚名流的文化。聰明人不算酷，酷的是美麗、富有與名氣。」

當然，在任何有關國家文化的爭論後面，都潛藏著階級制度這個鬼怪。前黛安娜

王妃的繼母，浪漫、多愁善感的卡特蘭（Dame Barbara Cartland）女士，證明了這項事實。當他知道貝克漢家買下她居處附近的房子的時候，他說「他們正是那種令人擔心的鄰居。他們有的是錢，但是一點水準都沒有，也不知道如何表現出合宜的舉止。」貝克漢夫妻對這樣的評論報以同樣藐視的態度：「從來沒有聽過這號人物。」

現代英國傳統的社會界線已經模糊，嚴格的社會階級已經逐漸消失，貝克漢文化正代表了英國社會環境的轉變。誠如凱摩教授所說：「貝克漢完美地符合二十一世紀早期人們對偶像的期待，這個時代，我們不需要偉大的政治人物，不需要戰爭英雄，也不需要創新發明的醫學家，這些都不符合我們這一代的英雄形象。我想明星跟英雄是完全不同的，人們曾經崇拜英雄，尊敬他們，對於英雄的一言一行，言聽必從，現在已經沒有這樣的情況了。」由此看來，貝克漢一家人非常有可能成爲特拉法加廣場上的雕像人選。該廣場聳立著陸軍和海軍英雄，例如亨利・赫夫洛克少將（Sir Henry Havelock）、查理斯・納皮爾上將（Sir Charles Napier）以及海軍的納爾遜上將，這些人都在大英帝國時期風雲一時。當我們從遙遠的大英帝國，轉變爲舒適的情境喜劇與泡沫劇的時代，大家都奉行的座右銘就是：「越少越好」，即使在生命短暫的演藝事業也是如此。明星越保持謎一樣的神秘感，大眾就越容易著迷。女星嘉寶一夕成名就是因爲她的名言：「我要孤獨。」馬龍白蘭度也是培養出相同的孤寂形象。

不過現今的大衆口味有所改變。生活在電視時代，身爲觀衆的我們看到許多人將最私密的關係在類似傑瑞．史賓格（Jerry Springer）脫口秀電視節目中告白剖析。像《大哥大》(Big brothers)或是《流浪者2000》(Castaway 2000)等節目，就是活生生地將一群人二十四小時的生活舉止等細節拍錄下來，捉到人們最眞實的形象。在這樣嶄新的世界裡，貝克漢夫婦正好顚覆了傳統的演藝生涯理論。

貝克漢夫妻，特別是維多利亞總是非常自動自發、隨時隨地的將家庭生活和寶貝兒子在大衆面前曝光，這種透明化正是他們成功的關鍵。對貝克漢一家人的一舉一動，每天上演的貝克漢泡沫劇，英國人已經上癮了。所有細微末節，所有的評論都可以用來產生更進一步的討論和媒體報導。維多利亞穿著牛仔短裙上街，結果就有兩頁「時髦蕩婦」的專題報導。報導中仔細說明身爲艾塞克斯女孩們的守護神之高貴辣妹事實上相當平凡。有趣的是，維多利亞堅持在赫福郡置產，而不在鄰近的省份買房子，就是因爲她討厭「艾塞克斯女生」這個稱號。

「獨立創造」是每一位有抱負的明星都應該懂得的行話，這也正是維多利亞成功的要訣。誠如電視主持人羅斯特所說：「維多利亞已經從一個流行音樂明星轉爲成功

的音樂家、母親、已婚的女性。她總是保持優勢。她讓自己變成流行的代表符號，成爲目前最讓流行設計師青睞的人。」這些都需要努力工作、專注及決心。貝克漢夫妻擁有這些特質，足以讓他們維持在明星的高峰。就像所有的營利事業，名聲是一項事業，而維多利亞則是一位非常有技巧的創業家。明星觀察家科姆（Sharon Crum）就說：「事實上，要塑造一個明星相當容易，但是光有才華是不夠的，必須要有一個團隊，像是瑪丹娜團隊。」在現實世界裡，成就一個明星不是一種商業營運的關係，比較像是回到封建時代，王子身旁圍繞著謀略術士，和其他更強大的貴族作策略性聯盟，同時享盡諂媚讒言以及爲人尊崇的特權。

就像一位著名的好萊塢劇作家提到，當一個人變成了明星之後，他們便失去了朋友，只剩下生意夥伴或服侍他的人。維多利亞的行徑比自己希望給他人的印象來得更自大驕傲。高貴辣妹像個皇后一樣似地在電話中預定愛德里一家飯店的房間，接待小姐寶士比向她詢問信用卡號、電話號碼或地址，結果維多利亞完全不理會，還在電話上用非常傲慢的態度說：「我是維多利亞貝克漢，我不管這種小事情。」回憶起來，寶士比小姐說：「她對我的態度非常差勁：『我是維多利亞貝克漢』」，她學著維多利亞的腔調說。

另外一次是在北倫敦的芬奇里，一家特易購的分公司裡。爲了買一顆鳳梨，維多利亞推擠著排隊結帳的隊伍。耐心等候的顧客們非常訝異地看著她大步地穿越人群、結帳，然後快速地上了有司機的專車前往朋友邦頓的住處。就像封建時代一樣，這對夫妻擁有自己的領土，住在白金漢宮，僱用了隨行人員和保鑣，與艾爾頓・強等其他受媒體寵愛的皇族狂歡作樂，而且締造了利潤豐厚的媒體條約；特別是《OK!》雜誌，每次都有歌功頌德的內容報導。

他們不是唯一如此要帥的明星，但是他們絕對是箇中第一把交椅。就像社會觀察家康納利（Ray Connolly）說的：「一切都是如此諷刺。在如此民主、教育普及、豐衣足食、王子的權勢已經不復存在的社會裡，我們正在見證新一代神話般的貴族掘起。新一代貴族擁有完整的勢力，自己的朝臣與城堡，還有公衆媒體的一派胡言。」

維多利亞在倫敦派克音樂會的宴會上，展開她第一場單飛後的演出，現場還有查爾斯王子，然而高貴辣妹卻未上場演唱。他的公關發言人很有技巧地對著所有好奇的記者解釋著，爲何這位年輕的音樂藝人不上台演唱。演唱曾經被視爲高貴辣妹的才華，如今看來只是一種墊腳石，完全失去了重要性。維多利亞展現了演藝事業最高超的技巧——成名並非因爲才華，而是因爲她的手段。這種手法卻讓許多人惱怒。如專

家沙勒（Carol Sarler）所說：「到現在爲止，沒有任何證據證明高貴辣妹擁有任何值得討論的技能、才藝或是能力。大家討論的話題都圍繞在她的所得、愛情。所到之處總是吸引許多狗仔拍照。」對於吹毛求疵的批評，維多利亞絲毫不理會，她毫不費力、滔滔不絕地道出辣妹合唱團的紀錄——八首單曲名列排行榜榜首、還有驚人的演唱會銷售數字。

自從辣妹合唱團解散之後，維多利亞本身的名聲依舊持續上升。婚後，即使坐擁財富，維多利亞仍努力不懈。她旺盛的精力使她在音樂、影片或是電視圈找到許多不同的角色。她非常清楚只有繼續保持響亮的名聲才能夠保持事業高峰。不過維多利亞想成爲眾目焦點的渴望遠遠超過對事業的需求。維多利亞成功地將她的個人生活、另一半及兒子的生活細節透露給大眾，不管是枯燥乏味的枝節或是私密情事，目的就是要讓大家對這對新皇族保持高度興趣。

當維多利亞促銷第一支單曲的時候，曾經在電台訪談中透露貝克漢很喜歡跟其他的男人打情罵俏，因此成爲同性戀的偶像。還沒有原諒貝克漢在一九九八年世界盃足球賽對阿根廷隊的比賽中被判下場的足球迷，相當不滿維多利亞不知檢點的言行，加上她先前曾說貝克漢在床上是隻野獸，喜歡穿維多利亞的皮內衣，這種種言論都爲貝克漢增加了許多在比賽期間所需面對的閒言閒語。

維多利亞與貝克漢兩個人的舉止常常會自相矛盾。他們不斷地抱怨媒體介入他們的私人生活。維多利亞相當清楚地表示：「我眞是驚訝！有人會報導謊言，而有人就相信了。你們大可以一笑置之，但是總需要有人出面澄清，這樣的報導太可惡了。我眞不知要怎麼做才能阻止他們繼續這樣胡亂報導。」另一方面，他們將自己的相片銷售給媒體，同時又在媒體面前討論自己的生活細節、閨房秘辛等，可以說是自己隱私的侵入者。在維多利亞自己的電視節目《維多利亞的秘密》裡，高貴辣妹訪問了自己的朋友與名流。很明顯地，維多利亞並沒有發現自己的行爲自相矛盾：一方面控告媒體侵犯隱私，另一方面又從事同樣侵犯隱私的行爲。

貝克漢在面對媒體的時候就顯得比較謹愼，不過他對新聞界的影響力也相當在意。在由曼徹斯特聯隊所發行的貝克漢足球自傳中，貝克漢表示：「我必須要面對媒體存在我的生活當中這樣的事實，而且我也無能爲力。有時候，在媒體追逐不休的時候，我可以理解爲何有人會出國一走了之。」

有些時候，這對夫妻會對緊追不捨的攝影師惡言相向，甚至拳腳侍候。每當有狗仔隊在附近，維多利亞會變得緊張，拳頭緊握隨時準備出擊，而貝克漢已經有多次與

媒體記者肢體衝突的記錄了。心理學家威爾森博士（Glenn Wilson）認爲：「貝克漢夫婦還不能優雅地習慣媒體的追逐，但已經發現媒體是把雙刃劍。他們享盡聲名，卻也發現媒體出奇地擾人。

他們面對媒體混淆與相互矛盾的行爲，跟另一對同樣出名的夫妻檔有著鮮明的對照。利物浦隊中場隊員雷納普不只有位出名的父親，西漢姆隊（West Ham）經理老雷納普，還有位熱門的流行歌手妻子露意絲．諾丁。露意絲在經過兩年與團體的歷練之後，已經成就了相當耀眼的單飛事業，有許多單曲名列排行榜，而且被票選爲世界上最性感的女性。雖然他們和貝克漢夫婦不在同樣的名人範疇，雷納普與諾丁似乎能夠在個人生活與事業中間劃出適當的界線。他們經常會拒絕聯合採訪的邀請以及合照。露意絲非常有智慧地表示：「維繫婚姻本身就不容易，我們不需要因爲媒體報導而增加更多的壓力。我嫁給他不是因爲需要照片上報的機會，而是因爲我想要與他共度一生。」

這是兩對夫妻之間最明顯的不同之處。雷納普夫妻相當滿意平凡的婚姻生活。但是對貝克漢夫妻而言，特別是維多利亞，聲名是他們的生命。事實上，露意絲．雷普納完全不在乎媒體的關注和名流世界的身分地位，大衆卻誤以爲露意絲和維多利亞一樣放不開。維多利亞覺得名流圈的身分地位就是她的人生，她認爲生活的價值就是以媒體報導的長短來衡量。維多利亞每天的心情舉止，都會因爲扭曲的媒體報導或大衆給予的評價而有所改變。

在維多利亞的生命裡面，聲名大噪無疑是一種鼓舞，而維多利亞也展現了對成功的慾望、對工作的專注和完美主義的人格等在這個圈子裡成功的要件。她對成功的渴望是來自深層心理的需求。心理學家弗洛爾博士（Paul flowers）認爲：「維多利亞爲了得到愛與關心，會不計一切地求取成功。在她心理，執行這項驚人的工作，追求完全的成功是必要的，而晉身名流世界的名氣就會爲她帶來滿足，但是事實上名聲絕不可能帶來滿足。」

如果不夠小心謹慎，對聲名的渴求可能變成陷阱。許多人努力的想要登上迷霧般的上流山峰，他們百般追尋卻無法找到令人滿足的地位。維多利亞絕對不會是第一個迷失在這種追尋中的人。現在已被封爲爵士的電影製作人大衛・普特南（David Puttnam），因其作品《火戰車》贏得奧斯卡獎，他回到飯店的房裡，將奧斯卡小金人扔到床上，對著他的太太說：「就這樣而已嗎？」柯林頓總統在一九九六年獲得連任成功的時候也是同樣的氣餒，怏怏不樂地站在橢圓形的白宮總統辦公室裡向外看去，

想著：「接下來要做什麼呢？」

《OK!》雜誌，可以說是貝克漢家的御用媒體，總是不停的刊登維多利亞的相關訊息。每當維多利亞返國之後，總是急著翻閱《OK!》。她每天忙碌地翻閱這樣的消息小報，尋找有關她自己或是貝克漢的照片與報導。對於維多利亞而言，令她最感興趣的就是她自己。

維多利亞對於評論相當敏感，抱怨著那些難看的照片都是遭到竄改。她非常依賴貝克漢的安慰，貝克漢就像她母親一樣地，當有任何消息報導或是雜誌寫出維多利亞不喜歡的文章時，他們總是在一旁安撫鼓勵她，但維多利亞總是無法輕易釋懷。貝克漢除了要照顧維多利亞，他對自己明星的身分也不放鬆，對於公開曝光，貝克漢相當小心謹慎。他不常接受長篇訪問，也不會像維多利亞一樣地尖聲批評身爲明星的缺點。相反地，貝克漢表現出相當有魅力的智慧。「我想擁有一種平凡正常的生活，不過，這應該是不可能的事了。」貝克漢說，「我只是想踢足球，但是名聲就隨之而來了。我可以接受這樣的情況，因爲我非常樂在其中。」態度謙虛、就事論事的貝克漢，總是短暫地曝光，在大眾面前比較保守低調。他提到：「除非我願意，沒有人會像我的家人一樣的了解我，我比較喜歡這樣的情況。」

他提供了豐富的想像空間給喜愛他的人。就像舊時的明星一般，沉默、英俊又有才華。凱斯摩教授強調：「貝克漢不會做出或是說出破壞印象的事情。他就像個擁有多種可能性的人，每個人可以自由想像他的模樣。」也就是因爲如此，他可以是個同性戀偶像、令異性迷戀的對象、完美的父親、運動英雄以及球迷的最愛。維多利亞的個性就比較複雜，而且容易受傷。但是她自己也擁有許多不同的形象：流行領導者、堅強努力的女性、性感的象徵、令人疼愛的老婆以及小心翼翼的母親。

但是，當掌聲停止，緋聞消逝，批評的聲響不再，名流圈的現實面與閃光燈下的形象是相當不同的。現實世界裡的貝克漢，鑲金夫妻的金童，會拿著特製的刻有貝克漢簽名的橡皮印章，自己一個人坐在角落裡。爲了滿足所有索取簽名照片的球迷，貝克漢會一小時接著一小時，認眞的在自己的照片上，蓋上簽名章。

# 第二章

# 財富與聲名之夢

POSH & BECKS

她是個夢想著聲名與舞臺生涯的年輕女子；

他是個一心一意只想踢足球的年輕男子。

他們從來沒有預料到兒時的夢想可以實現，也不知道青少年時的野心、決心與努力，能帶領他們到達輝煌的境界。他們也無法想像，自己對名望的追求，會讓他們成爲彼此的伴侶。維多利亞曾經說：「我一直夢想成爲名利雙收的人。」在她身上有著對於音樂與舞蹈的熱愛。她的父親安東尼．亞當斯（Anthony Adams）是一位上班族，住在北倫敦。曾經在六零年代一個名叫《音速小子》的樂團下作過一陣子流行歌手。《音速小子》樂團唱遍所有披頭四的歌曲，也嘗試自己創作，但是當樂團經理過世之後，樂團也跟著解散。

對於安東尼．亞當斯而言，名聲稍縱即逝，財富才重要。當樂團沒有演出的時候，安東尼在北倫敦的家鄉——艾蒙頓地區從事業務的工作。藉著妻子潔姬（Jacqueline Doreen Cannon）的幫助，安東尼開始建立起賺錢的事業。潔姬和安東尼初相識的時候，她是個保險銷售人員。雖然受過美髮師訓練，潔姬選擇保險工作。一九七〇年七月二十五日，他們在西葛倫當地的教區教堂結爲連理。四年之後，維多利亞出生於一九七四年四月十七日。接著是一九七七年出生的妹妹露意絲，以及一九七

九年出生的弟弟克李斯。

一九八〇年代，東尼與潔姬創設了葛來帝崙（GladeRealm），做電子批發生意。將電子產品內銷，同時外銷到中東。東尼長時間工作，生意相當賺錢。一家人很快地搬到一棟位在高夫歐克仿都鐸式風格的英國房子，那是一個位於赫福里郡M25號公路北邊，充滿通勤人口的村落。雖然距離倫敦只有二十哩不到的路途，高夫歐克是個具鄉村風味的地方，原始林木密佈，環境樸實僻靜，在許多方面都不同於安東尼與潔姬成長的環境。這一家子也偶爾享受到西班牙或是加那利群島歡渡異國假期的樂趣。

儘管維多利亞相當不滿父親常常晚歸的事實，根據母親的敘述，她卻繼承了父親的野心、工作態度，還有對於表演的熱愛。從維多利亞開始走路，安東尼就會帶著她在客廳裡跳舞。小時候，維多利亞最愛的一首歌曲是由史堤夫·汪達所唱的「公爵殿下」。當維多利亞與貝克漢結婚的時候，東尼傷感地在電台DJ艾德·史都華的節目中，點播了這首歌曲送給這對正驅車前往機場的新人。

在高夫歐克當地的小學就學時，維多利亞就展現出舞臺天份，在一次風笛手表演中擔綱演出。當時的老師貝麗回憶說：「維多利亞一直是個非常討人喜歡的孩子，非常漂亮，一點也不招搖或是愛出風頭。她認眞，家庭背景不錯。學校的戲劇演出總是少不了她，她非常喜歡戲劇表演。」當她八歲時，她說服父母讓她參加傑森戲劇學校的課後課程。校長喬・史賓（Joy Spriggs）回憶說，維多利亞在學生當中因爲贏得多項舞蹈獎牌而引人注目。「從我第一次看到維多利亞跳舞的時候，我就知道他相當特別。」她說：「維多利亞不管是吃飯、睡覺或是喝水，都在舞蹈。」有一次維多利亞穿著黃色大禮帽和辮子，掂著腳隨著雪莉・麥克蓮在著名的《甜蜜的善意》（Sweet Charity）音樂劇中所唱的歌曲《如果我的朋友現在可以看到我》（If My Friends Could See Me Now）起舞。

維多利亞會在同學面前炫耀同樣的舞步，糾纏著老師，好讓自己能在每一齣學校的戲碼中擔任明星。演員化妝使用的油彩的味道、在舞台上表演的興奮感都讓維多利亞快樂。她喜歡一遍又一遍地看一九七八年由約翰・屈伏塔以及奧利維亞・紐頓強所主演的音樂電影《Grease》，學著裡面的歌曲，扮演裡面的角色。她也喜愛一九八〇年代的樂團——《名聲小子》，這是與電視影集同名的團體，敘述一群紐約表演藝術學校中，才華洋溢的年輕人的生活。

不過，維多利亞對於歌曲和舞蹈的熱情卻沒有感動她的妹妹。回想起來，露意絲

說：「她總是穿著最耀眼的服裝，而我只能穿乏味的衣服，或是要爲了她扮演男生，爲此我感到很不開心。」露意絲不是唯一忌妒的人。維多利亞的小學生活過得相當愉快，在當地的聖瑪麗公立中學就讀的日子卻是充滿威脅的苦日子。小學時候，維多利亞因爲對於戲劇的努力而獲得許多讚美；到了中學，她的野心卻只招來戲弄與揶揄奚落。

她的中學同學認爲她只是個愛炫耀的人，不像一般的中學生一樣地和同學出去玩，她辛苦努力，放學後還去上舞蹈課程，卻被同學封爲「假正經的兩條腿」。更嚴重的是，她開始遭受到威脅與傷害。經常落得在學校裡哭腫了眼，只能數著放學的時間。她曾經在下課回家時間要求老師護送她到學校大門，甚至因此受到失眠之苦。「維多利亞在中學時候過得很辛苦。」露意絲說：「因爲她不像一般同學一樣每天晚上在街上鬼混；相反地，她到處上歌唱舞蹈課程。」維多利亞自己也承認，「假期結束時，我總要哭上一場。我討厭學校，一點都不想回去上課。」

青少年時期，正是融入同儕比表現出色重要的時期。而維多利亞父母優渥的生活方式讓她受排擠的現象雪上加霜。姑且不論她家擁有高夫歐克最大的房子，唯一的私人游泳池，安東尼·亞當斯還開了一部金黃色的勞斯萊斯。儘管高夫歐克和雀思杭可以說是高級住宅區，但是當地人多數無法接受亞當斯家對財富的炫耀。維多利亞會要求她的父親用他的貨車送她上學，儘管如此，她已經因爲其身分地位被標上與衆不同的封號。諷刺的是辣妹合唱團的經理賽門·富勒就是因爲她的出身富貴而將她命名爲「高貴辣妹」。這項封號後來讓她獲得她一直渴望的名聲與財富。中學時期無疑地是維多利亞最難過的一段時間。這一段極度孤單的時間也將維多利亞的自信剝光，只留下青少年時期的憂傷。後來的一位男朋友，史都特·比頓形容：「維多利亞是一個安靜內向的人，學校裡面有許多人討厭她是因爲她有個有錢的老爸。」

安東尼與潔姬是對非常保護小孩的父母。也許就是因爲這樣，更增加了維多利亞的麻煩。就像露意絲所說的：「小時候，我們不可以騎腳踏車出門。不可以和其他的小孩在街上玩耍。我們可以做任何事情，只要我們不離開住家範圍。」從小與其他的小孩子隔離，兄弟姊妹成爲彼此最好的朋友。儘管有不可避免的爭吵或是競爭，兄弟姊妹之間的感情還是非常親密。因爲外界的朋友很少，亞當斯一家人非常相互依賴，家人緊密相連。在家裡，維多利亞擁有無限的愛護與安全感。隨著她出道成名之後，外面世界的艱難也是她始料未及的。

後來，當維多利亞離開家去上戲劇學校或是和辣妹合唱團巡迴演唱時，她總會患

思鄉病。從世界各地哭喊著母親：「我想念每當母親晚飯燒焦時，窗戶霧茫茫的景象。爲了避免火災警報器響起，她會放一張椅子卡住門，讓門開著。」對於維多利亞而言，家代表了她對安全的深切渴望。在大部分的年輕人渴望獨立的年紀，維多利亞卻是不停地渴望家庭，想飛回那個溫暖的巢穴中。即使在維多利亞與貝克漢買了在曼徹斯特附近的豪華公寓，還有一座位在赫福里郡索布里沃的宅第，這對夫妻和寶貝布魯克林還是會花許多時間在維多利亞的娘家，因爲那是唯一能讓維多利亞眞正覺得安全舒適的地方。

不過，維多利亞的弟弟妹妹在學校並沒有遭遇那麼多問題。如果讓維多利亞知道她的妹妹露意絲在同學當中非常受歡迎，她一定會受不了。當維多利亞淪落在家拖地的時候，露意絲則擁有健康的社交生活，所以維多利亞的不快樂，也許問題出在她自己身上。維多利亞的自我與自戀表現明顯，儘管外表嫵媚動人，維多利亞對自己的長相卻非常沒有安全感。她會花整個週末的時間關在房裡實驗化妝技術。她會提早兩個小時起床，就爲了在上學之前整妝。她還會叫她的母親寫請假單，讓她可以不去上體育課，因爲她不想弄亂她精心吹整的髮型。等到長青春痘的時候，情況更是惡化。對任何一個青少年而言，長青春痘是件再普通不過的事。但是對於處心積慮要上舞台的維多利亞而言，容貌與形象是最重要的，她當然也因爲皮膚的問題受到恥笑，她的同學們曾叫她「痘子臉」或是「黏膠維琪」。

同樣地，她的母親爲三個孩子在模特兒經紀公司註冊的舉動也無法幫助維多利亞建立自信。因爲經紀公司忽略維多利亞，倒是爲露意絲找了許多電視與雜誌的工作。露意絲回憶說，「我比她得到更多的模特兒工作，可是後來我覺得試鏡很無聊。」即使碰到這些麻煩事，維多利亞想要成名的決心仍然沒有改變。十六歲的時候，維多利亞就離開聖瑪麗學院，朝影劇學校出發。她沒有什麼資格可以進影劇學校，所以當她獲得英國南部薩里郡聯藝劇場學院的入學資格時她欣喜若狂，雖然這表示她必須在外租屋，離開舒適而令人安慰的家，但是這對維多利亞而言是個嶄新的機會。在此同時，維多利亞輕率地與馬克．伍德談戀愛。中學時期，除了偶爾愛上青春偶像之外，維多利亞很少有機會與異性相處，因此年僅十七歲的她，居然相信自己遇到了此生的最愛，並且同意在離家去上劇場學院之前訂婚。這段短暫的熱戀最後不歡而散，馬克後來抱怨維多利亞只愛她自己。

將不快的過往拋到腦後，維多利亞熱切地朝向劇場課程出發。不幸的是小時候展現戲劇潛力的維多利亞，卻在聯藝劇場學院黯然失色。儘管她不斷地努力，結果還是

沒有獲得試鏡的機會。她的老師們也對她沒有信心，常常會告訴她她缺少了在娛樂圈發光發熱的天賦。有一位老師回憶說，「維多利亞是個非常好的女孩，她很努力，從不出問題。」對於有強烈欲望想要成爲明星的人，這些鼓勵絲毫沒有意義。成爲明星對維多利亞而言是個天大的願望，她絲毫不被評論所影響。最近幾年，當有人問起布魯克林該如何應付母親離家的情況，維多利亞曾經說，「聽起來令人心碎，不過我想他能夠了解。他是個堅強的小伙子，我的家人都非常堅強，因爲我們都必須堅強。」

堅強面對世界，是維多利亞在這段時期所學到的人生態度。儘管受到聯藝劇場學院令人氣餒的挫折，她還是堅持不懈一直到畢業。十九歲畢業的時候，她加入了渴望成名的演員大社團，跟上千位競爭者一起參加試鏡。不過，這位住在閣樓上掙扎著想要成功的藝術家卻不需要擔心挨餓。雖然她被強迫要去領失業救濟金，她背後卻有願意在財務上支持她生涯選擇的父母。他們不催促女兒成家立業，也很樂意寵愛她，讓她自由購買設計師服飾與流行配件。維多利亞的第一個演藝機會是在表演工作雜誌——《舞台》上看到的一則廣告。一個名叫《信念》的女子合唱團在徵人。上面寫說要徵求聰明、熱誠、漂亮的女性，其他的團員不在意維多利亞沒有實際演唱經驗，就讓維多利亞一起巡迴演出。

這段時間，她的愛情生活也有了進展。這要感謝她的妹妹，露意絲介紹了史都特．比爾頓（Stuart Bilton）給她。史都特是露意絲男友的死黨，是個花商兼業餘模特兒。維多利亞再一次快速地墜入熱戀，結果讓史都特「瘋了一樣地想退出」。這一段感情維持了三年。雖然他們常常外出約會，史都特回憶說，最能讓維多利亞放鬆的方式是在家裡觀賞多愁善感的影片。

儘管維多利亞喜歡與《信念》合唱團合作，不過，這個合唱團並不是她所夢想的事業契機。在其他團員不知情的情況下，她又開始在表演工作雜誌《舞台》裡面尋找更吸引人的事業。之後，她獲得電影《戰車女孩》的試鏡機會。在一九九三年的夏天，看到一則徵求「吸引人的歌手與舞者」的廣告，而加入了五人女子合唱團體的行列。自從應徵該項工作之後，維多利亞從此不需要再看《舞台》雜誌了。不管人們認爲她是因爲才華或是純粹因爲幸運都不再重要了，她找到了事業的歸宿。

泰德・貝克漢（Edward Beckham）與珊卓拉・貝克漢（Sandra Beckham）住在距離高夫歐克不遠的地方。他們的兒子就像維多利亞一樣，將在報紙版面中佔有一席之地。這位年輕的曼聯隊（曼徹斯特隊）明星，蓄著金髮，帶著迷人的笑容。有人認爲他是新的喬治・貝特，性感象徵與足球高手的魅力組合。比起維多利亞，貝克漢的出身清寒。他的父母同樣來自藍領階級。父親艾德華・貝克漢，大家叫他泰德，生長在西區，是個瓦斯裝配工的兒子。母親珊卓拉是個理髮師。兩人初識時，泰德是個裝配工助手。維多利亞的父親年輕時夢想在樂團裡演奏；一輩子身爲曼聯隊球迷的泰德，在年輕時候則是夢想能成爲專業的足球球員。青少年時，泰德曾經嘗試過兩個業餘球隊，但是都徒勞而返。

珊卓拉的父親是個另一個球隊托特漢哈思保隊的球迷。當泰德向珊卓拉的父親提親時，兩人對足球的熱愛，讓他們忍不住地嘲弄彼此對球隊的忠誠。泰德與珊卓拉於一九六九年九月在西倫敦杭克頓的聖約翰浸信教會結爲連理，在近親與好友面前互換誓言。這對夫妻住在位於西倫敦的李斯敦的聯排屋。泰德之後也跟父親一樣，成了正牌的瓦斯裝配工。結婚三年後，生下第一個小孩——琳。然後在一九七五年，大衛貝克漢呱呱落地。等到小妹瓊安在一九八〇年代早期出生的時候，貝克漢已經可以熟練地踢球。每當週末，只要由泰德所組織的球隊比賽，貝克漢就會跟著看球賽。

這一家人後來搬到英國西南的艾塞克斯郡青福，貝克漢在當地上小學與中學。貝克漢的父親很早就看出他有踢球的天份，他花了很多時間陪貝克漢練球，教導他運球與控球的基本功夫，同時放任貝克漢熬夜練習攻門與開角球的技巧。從小貝克漢對於練球就相當投入，即使是現在，貝克漢仍常是最後一個離開訓練場的人。在足球場之外，這個謙虛的年輕人也表現出高度的自我控制和紀律；房間一塵不染，要洗的髒衣服摺疊整齊，小心翼翼地從漫畫本上描繪卡通人物。

這個正直誠懇的、害羞的年輕人，從早期就顯現出未來將在在足球場上大放異彩的跡象。星期天的球賽對他來說已不夠看，雖然緘默，他的右腳卻說明了一切。所以當他八歲的時候，貝克漢就已經成爲瑞吉威路佛球會（Ridgeway Rovers）在埃菲爾德地區聯盟（Enfield District League）的明星球員，在三季球賽中踢進了一百零一球的成績。

就讀青福中學時期，貝克漢的朋友叫他做「小魔鬼」，因爲曼聯隊又被稱爲「紅色魔鬼」。儘管他在學校的成績不好，貝克漢在足球場上的表現卻是相當出色。同時

他也是個優秀的運動員，連續四年在當地的一千五百米的徑賽得獎。學校裡的老師約翰·布拉克說：「他非常專注於足球。蓬鬆的金髮，襯衫露出來，打了一半的領結，手臂裡總是夾了一顆足球。」年僅十二歲的貝克漢開始嚐到揚名國際的滋味。一九八六年，貝克漢的球隊到荷蘭出賽。根據兒時的朋友敘述，在其他的小孩因爲第一次出國而興奮不已之時，貝克漢卻是輕鬆自若。這位右前鋒以他出名的十字球狠狠地踢進球門贏得球賽。這些紀錄不僅透露出貝克漢有踢球的天賦，同時也顯露他的個性。就像所有出色的運動員一樣，他是個自信、冷靜、專注的結合體。

拜電視之賜，貝克漢在通往明星的路上有了第一次突破性的進展。那是一九八六年，他看到一個兒童節目《藍色彼得》上提到關於鮑比·查爾頓的足球技巧錦標賽。貝克漢央求母親讓他參加。感謝他的祖父給了他一百二十五英鎊的報名費，他才得以參加這項爲了發掘英國足球新秀的全國性比賽。

當貝克漢輕易地以有史以來最高分贏得這項在歐喬福舉辦的比賽，這個艾塞克斯郡的年輕學子卻遭到奚落，這也是在他以後專業的足球員生涯中都必須忍受的情況。當天曼聯隊與熱刺隊比賽，當大會宣佈這位來自青福中學的小男孩將要支援地主隊伍，整個球場充滿了支持倫敦隊球迷的噓聲。這也許是不經意的玩笑，但是卻是這個年輕男孩第一次嚐到對手嘲諷的滋味。當時熱刺隊的球迷非常不諒解這個年輕人對球會的選擇。一九八六年十一月，曼聯隊面臨前所未有的士氣低沉，在十五場比賽之後，這支隊伍位居甲組的倒數第二名，挫敗的原因是因為當紅的球隊經理艾金森離開，換上以嚴厲出名的蘇格蘭籍經理佛格遜(Alex Ferguson)。

相反地，貝克漢的家鄉隊伍熱刺隊已經在一九八〇年代贏得兩次足總盃冠軍，同時，在一九八四年歐洲足協盃獲得銀牌。除了獲得足球盃比賽之外，該隊人員齊備，充滿具創意的明星。其中最出名的是貝克漢兒時心目中的英雄——英國明星葛倫・荷道（Glenn Hoddle）。但儘管熱刺隊離開家只有一趟公車的路途，充滿誘惑又容易接近，貝克漢卻心有它屬。父親對於紅色曼聯隊的狂熱是部分的原因。每一年，貝克漢都會從父親手中拿到仿曼聯隊的服裝作為耶誕禮物，但是最主要的原因是貝克漢在白雄鹿比賽當中看到羅伯森、史特程、和懷賽德為曼聯隊出賽對抗熱刺隊。如同貝克漢在其球隊所出版的自傳中寫道：「一直以來，我所想望的就是為曼聯隊出場踢球，我的心中容不下其他的隊伍。」

當學校同學們逐漸向外發展追逐女性，不再專心踢球，貝克漢對足球還是維持著一樣的忠誠。以前的隊友，現在從事電腦工作的桑頓回憶道：「十五歲的時候，我們

開始到酒吧玩樂。但是貝克漢只想到公園裡練習足球。」同樣地，貝克漢也不會和其他男生一起上迪斯可或是參加舞會。誠如他自己所說：「當我年輕的時候，我放棄了許多的玩樂，那並不簡單。但是我很清楚自己想要做什麼，曼聯隊是我的夢想。」不久之後，能幹的球探費俊就找上門了。他回憶道：「貝克漢相當瘦小，但是他能做到其他男孩無法達成的事情。而且我當時想他一定不會放棄到曼聯隊試球的機會。」

當時還有其他的隊伍希望爭取到貝克漢。傳說西漢隊與阿司諾隊正在四處打探可能性，也有人說他已經到熱刺隊試球，而且該隊經理菲納伯提出相當優厚的條件。就貝克漢而言沒有其他的選擇，他要加入曼聯隊。十四歲生日的時候，他簽下學生合約。兩年後，當他可以離開學校的時候，他就開始職業足球的生涯。學校放假的時候，他會固定地前往曼徹斯特參加選拔賽，或是在訓練場地閒晃，沈湎在足球場的氣氛中。「我一直愛著這個地方。」貝克漢如此表示。身爲一個新的成員，他對經理相當敬畏，昔日明星一般遙遠的資深隊友，現在可以同肩並戰，同時他對於可以全職踢球這件事非常興奮。從貝克漢當時的照片可以看得出來，那是一個大眼睛充滿赤子之心的年輕男孩，有著害羞無邪的笑容，那是一個對於自己所選擇的事業專心一意的青少年。

父親對於兒子被選入曼聯隊相當興奮。他們非常信任既迷人又嚴格的佛格遜經理。佛格遜相當重視青年隊，同時也全力提昇這支隊伍，而他的眞誠與對年輕球員的關心才是貝克漢讓父母親放心的原因。珊卓拉回憶說：「知道我們的兒子在一個可以信任的人的手上，讓我們很安心。我們從佛格遜以及球隊方面獲得很棒的支援。」種種關於佛格遜經理的一些小插曲，例如他能夠記得球員家屬的姓名、記得特別的日子、還有他在百忙中，還抽空參加貝克漢十四歲的生日慶祝會都讓泰德與珊卓拉印象深刻。為了與兒子相處，現在泰德與珊卓拉經常往返於高速公路上。

泰德與珊卓拉，還有佛格遜經理三個人一起小心地指導貝克漢的生活及剛萌芽的事業。貝克漢經常表示：「我在足球界所獲得的成就都該歸功給父母親。」同時，他對經理也相當感恩。貝克漢輝煌的足球生涯從頭到尾，得力於佛格遜相當重視青年隊員，為他們定了許多規矩。他就像一個養蘭人，呵護著這一群年輕的天才。這位精明的蘇格蘭人看過太多大有可為的年輕人，將前途斷送在過勞、酗酒和傷害底下。貝克漢和同年齡的隊友必須作息正常，擁有適度的休息，同時遠離媒體的注意。一直到佛格遜認為他已經準備好了，才讓他接觸媒體。事實證明這些原則與規矩是正確的。

雖然有人認為他的管理方式過於老舊，像是古早的學校老師，嚴格的紀律不容許

任何人打破。他會打電話提醒女房東確認所有的年輕隊員在比賽前夕一定要十點以前上床。在許多方面，貝克漢是個溫和、守規矩的模範生，儘管以前的中學教師經常批評他的家庭作業，但是在歐喬福，貝克漢卻願意在每天例行的練習之後，再花上無止盡的時間練球。同時，貝克漢還擁有許多良好的特質：勤奮、勇敢與一點自負，這些都是成功運動員的標誌。英國世界盃得獎者史迪爾（Nobby Stiles）在這段期間掌管曼聯隊青年隊，他回憶說，貝克漢是個相當負責的隊長。有一次，儘管貝克漢已經在一場牛奶盃青年錦標賽的比賽當中錯失了罰球得分的機會，突然又有罰球的機會時，貝克漢是第一個自願上場主罰的人。史迪爾說：「他堅定勇敢地面對失敗，而且一直保有這樣優秀的個性。過去幾年以來，他已經接受了很多的懲罰，但是他最爲人稱道的地方就在於他一點也不受這些事情的影響。」

十九歲的時候，貝克漢有一小段時間被出借到普雷斯敦，當時的丙組。在那裡不像舒適的歐喬福區域，他短暫地經歷了挫折。等他歸隊時，是第一場正式參加曼聯隊的處女賽，一九九五年四月在超級聯賽中代表曼聯隊出賽列斯聯隊。接觸過足球王國中的小隊伍後，更加深了他對成功的決心。

出了球場，貝克漢也是一樣的專注於事業。他很少到城裡，總是待在宿舍爲第二天的球賽養精蓄銳。他喜歡輕鬆地看電視，讀一些史蒂芬．金的書或是聽饒舌音樂。如果外出，也是跟他同隊的隊友，即使在這一群充滿企圖心，能幹的朋友當中，貝克漢仍拘謹小心。有一晚出去看電影之後到了披薩店，貝克漢因為點了牛奶沒有點啤酒而受到朋友的嘲笑。其實貝克漢是因為擔心自己太過瘦弱，所以才點了牛奶，他認為牛奶可以補充營養。

在足球這樣需要高度紀律與團隊精神的運動中，佛格遜非常不鼓勵個人主義。青少年的叛逆或是引人注目的行為都是嚴格禁止的。不過，總得有些管道可以讓這些年輕人炫耀一下他們成功與辛勤工作的成果。以貝克漢而言，他培養出對於個性化跑車的喜好，還有穿著高級設計師服飾的品味。開始花時間在形象與外表的貝克漢同樣開始花功夫在社交生活方面。當他年紀較輕的時候沒有時間與異性交往，現在開始與曼聯隊社交圈中所認識的女孩子約會。他與金髮空姐麗莎．雷哈克曾有一段情，還與有錢的曼聯隊贊助者羅伯．基列利的女兒——茱莉．基列利（Julie Killelea）有過短暫的羅曼史——媒體將其評論為「真誠的愛情組合」。

貝克漢談過幾次戀愛，但是他的女友們都會抱怨貝克漢對感情缺乏承諾。她們覺得貝克漢寧可在球場上傳球，也不願在臥室裡談情說愛。模特兒瑪茲兒和貝克漢斷斷

續續地約會了一年，她坦承貝克漢只有在跟他父親談起足球時才會生龍活虎。貝克漢在曼聯隊贊助者的球會設宴中遇到前任英國小姐安娜・巴特里（Anna Bartley），一次約會之後，讓她對貝克漢的社交技巧感覺乏味。「他帶我到一家餐廳，卻幾乎不說話。」報載安娜・巴特里說貝克漢「不是個善於言詞的人。」其他的人給予的評價則比較溫和。前曼聯隊球員泰瑞・吉布森的妹妹白琳達曾和貝克漢約會了兩個禮拜，她說：「他非常紳士」。足球界可以說是相當封閉的，少有機會跟別的社交圈來往相處。茱莉・基列利和貝克漢分手後，不久就開始與菲爾・納菲爾（Phil Neville）約會，現在他們已經結婚了。金髮空姐麗莎・雷哈克後來與雷恩・吉格（Ryan Giggs）相戀，有一次在曼徹斯特的晚宴後將雷恩帶回家，還因酒醉駕車而喪失駕照。

不管有多容易接觸到其他隊員的家人或朋友，有多容易接觸到美麗迷人的衣架子，貝克漢尚未找到合適他的女性。

愛情生活不順，但是貝克漢的事業如日中天。到了一九九六年，貝克漢與他的隊伍已經獲勝，而且被他兒時的英雄球隊教練葛倫・賀道（Glenn Hoddle）點名代表英格蘭國家代表隊參加比賽。他非常興奮自己能參加如此輝煌的隊伍。這位年輕人帶著他的簽名簿準備去收集簽名。就在英格蘭國家代表隊時期，這個年輕人終於找到生命中注定的對象。

一九九六年十一月，貝克漢與室友兼好友蓋瑞・納菲爾在喬治亞州的堤比里斯的一家飯店休憩。當時，貝克漢看到了電視上正在播放的辣妹合唱團的第二首冠軍單曲MTV「說你會等我」。他回憶道：「我指著電視告訴蓋瑞，『那就是我要的女人，我一定要追到她。』她的眼睛，她的臉龐，她簡直就是我理想中完美的化身。光是從電視所播放的音樂錄影帶，我就非常確定她是我在尋找的對象。而且我知道，如果她也喜歡我，我們會永遠在一起。」事實上，這支音樂錄影帶中有跑車、雷射槍和特效演出，將維多利亞刻劃成支配欲很強的女人。她全身上下穿著全黑的PVC貓裝，帶著深色的假髮。她的出現只有驚鴻一瞥，因爲她在裡面所扮演的角色是一個假想的螢幕寶貝——午夜蘇奇小姐。

巧合的是，幾天之後貝克漢與英國隊凱旋歸國，維多利亞穿著一件曼聯隊的選手制服出現在英國的太陽報上。維多利亞之所以會這樣穿是想討好經理賽門・富勒，因爲富勒是個曼聯隊球迷。當時，維多利亞與史都特・比爾頓的戀情告終，因爲史都特無法融入維多利亞和查爾斯王子、前南非總理曼德拉平起平坐的生活。她經常幾個月

都在外巡迴演唱，無可避免地讓這段關係瓦解。

維多利亞也記得在他們實際相遇之前，她已經爲貝克漢吸引住了。在她印象中的足球明星，她最喜歡的就是貝克漢。她回憶說：「在我們相遇之前，我就非常喜愛貝克漢。我不清楚他是怎樣的一個人，但是我覺得他非常可愛。他看起來是那樣的理想，敏銳、性感、英俊、有趣、自信但是又不傲慢，具備所有我覺得理想男性應該有的條件。」有趣的是，貝克漢可能不是她唯一看中的對象。當辣妹合唱團還未成名之前，維多利亞崇拜的是貝克漢的隊友雷恩．吉格。因爲一場滑雪意外，史都特．比爾頓在醫院療養。維多利亞發現這讓她有機會可以一睹理想對象的眞面目。她前往倫敦西南部的卻爾西觀賞貝克漢賽球，球賽之後，她來到選手休息區。在擁擠的房間裡，這兩個人越過人群對彼此揮了揮手，但是雙方都因爲太害羞而沒有更進一步的動作。

對貝克漢而言，這實在是極度令人洩氣的一刻：「這是我一直在等待的一刻，而我卻搞砸了！」不過，這件事卻促進了維多利亞的胃口。跟史都特．比爾頓的關係正式結束後，一九九七年三月十五日當熱愛足球的球迷米蘭妮．卻斯洪（利物浦隊的擁護者）邀請她去看貝克漢出賽讓她雀躍不已。不過根據消息指出，她當時忘記戴眼鏡了，所以根本沒看到貝克漢在球場上的英姿。這一次，維多利亞打定主意絕不讓獵物逃脫。她走到選手吧台前讚美他在球場上的表現。她回憶說：「從那次之後，我們就開始進展得很好。我可以看出來他很害羞。但是，以一個那麼出名的人而言，這反而是一種吸引人的特質。」相同地，貝克漢也鬆了一口氣。「看到她的笑容，我就知道任何事情都會順利的。當天晚上我們聊得很愉快。我們一起外出，而且安排幾天後再碰面。」

貝克漢是個很害羞的追求者，一直到第四次約會，他們才第一次接吻。但是他們的感情很快就步入穩定。沒有多久的時間，他們就發現彼此的生活很相近，同樣處於自己所熱愛的事業之顛峰；他們了解且同時分享彼此的樂趣與壓力；他們都來自於關係親密的家庭，家庭價值對他們來說都很重要；兩人都沒有機會去追尋狂野的青春，都對於自己的夢想付出所有的心力，不顧一切要達到目的。

他們從對方那裡得到了信任與了解，同時互相欣賞，就某種意義來說，這是他們彼此的勝利紀念品，兩人都很驚喜的發現彼此相屬。這在名人圈是個相當普遍的現象。誠如心理學家葛倫威爾森博士解釋的，貝克漢與維多利亞深愛著對方，他們的身分地位讓他們有機會彼此膜拜，交換彼此對對方的渴望。他們不只支持對方的自我意

識，同時反映出彼此自戀傾向的滿足。

維多利亞承認，她最初會被貝克漢吸引就是因爲她在貝克漢身上看到了自己的影子——既知名又富有。「許多人曾經問過我，貝克漢會吸引我是否因爲他很出名。我總是會否認，但是事實上他的名聲的確是原因之一。一個才華洋溢的人，無論是足球選手、藝術家或是學者，出名與否並不重要，重要的是他們是眞的具備天份且全心投入。因爲身處同樣的地位，讓我們平等。尤其是出乎意料地，我們的事業幾乎是平行進展。當我們第一次相遇的時候，我剛出第一張專輯，貝克漢則以正選球員的身分出席第一次正式的球季。我們聲名相當，也同時成爲焦點。」

兩者名氣相當，但也有不同之處。對貝克漢而言，爲曼聯隊踢球是他的心願，名利只是次要的。「我只是想踢足球，而聲名就尾隨而來了。」貝克漢在球隊雜誌上這樣表示。相反地，維多利亞從小就想成爲一個有名氣、被欣賞的人，對她而言，聲名就代表成功，辣妹合唱團只是讓她能完成夢想的工具。他們兩人都很幸運有貴人相助，貝克漢有佛格遜經理，維多利亞有幸遇到經理賽門．富勒。只是貝克漢的成功是循序漸進的，從小他就具備了無庸置疑的天份。而且，隨著年紀成長，越來越多人發現並讚美他的才華，直到他成爲第一流的選手。相反地，維多利亞的一舉成名，並不是因爲她擁有任何實際的才華。

有一位評論家說道：「以貝克漢與維多利亞的成長背景，他們大有可能在西區俱樂部相遇、相戀然後結婚，像千萬無名的人們一樣快樂地度過一生。但是有兩件事阻礙了他們——貝克漢驚人的足球天份，以及讓維多利亞成爲辣妹合唱團的一員，聲名大噪的好運。貝克漢可以說是他這一代最具才華的足球選手，不管他的老婆是誰，貝克漢都注定會名揚四海。」

不過，在他們開始交往的前幾個月，雙方都爲彼此考慮很多。他們就像是第一次談戀愛的青少年一樣，整個人都沉浸在愛情裡。他們的關係確實很像孩子一般地無邪，雖然他們試圖隱藏相愛的事實，他們還是在相機面前春風滿面。不久，世界一流的足球選手與世界知名的流行歌手相戀的消息不逕而走。這樣的消息對媒體而言簡直就像天上掉下來的禮物。狗仔隊總是跟在他們身後，快速拍攝著維多利亞離開貝克漢的房子，或是兩人到聖多培茲度週末的親密模樣。維多利亞說：「我們似乎引來了全世界的攝影師，到處跟著我們，實在很難過。」

這對戀人幾乎無法分離，只要可以在一起，他們總是足不出戶的在沙發上卿卿我我地看電視或是吃外帶的咖哩菜。分開的時候，他們總是熱線不斷討論著生活鎖事。

舉例來說，如果貝克漢在餐廳裡，他會打電話給身在異地的維多利亞，只爲了討論應該點哪一道前菜，然後呢，他又會打第二通討論主菜。甚至有人說當他們不在一起的時候，維多利亞會穿著貝克漢的英國隊球衣睡覺。他們也開始交換昂貴的禮物，不斷地添加愛的收藏品。有人看到他們戴著款式相同的勞力士對錶；維多利亞聲稱有時候他們會穿上情侶裝。相愛已經是公開的事實，也招致更多的公開報導。

其他辣妹合唱團成員滿心歡喜地接納貝克漢，她們盡量讓兩人有獨處的時間，樂於在巡迴演唱的時候有貝克漢同行，歡迎貝克漢來後台探班。貝克漢的隊友卻不是那麼友善，他們一開始便戲弄這對佳偶。看出貝克漢的改變，朋友們接連著開他玩笑。雷恩・吉格特別喜歡撥手機給貝克漢，佯裝維多利亞輕柔地說「我愛你」，然後自己大笑出來。蓋瑞・納菲爾觀察說：「他每天來訓練的時候，就像個小學生。」不過，這些隊友對他們的交往無法一直保持這樣的幽默感。維多利亞解釋說，每當貝克漢知道她要到球場看球時，貝克漢總要在開球前先跟維多利亞碰面，如果她遲到了，貝克漢便會變得不耐煩，也無法輕鬆上陣，一直要等到他確定維多利亞平安到達，坐在位置上，他才能夠安心踢球。結果這一季，所有隊友都無法輕鬆。

雖然球友們用嘲弄的方式對待貝克漢。球隊經理佛格遜則以成熟的態度對待這樁戀情，一點也不大驚小怪。以前是模範球員的貝克漢，現在整天不是在愛情熱線，就是準備包機前往探視維多利亞。因爲避稅的關係，有一年的時間，維多利亞住在愛爾蘭。貝克漢包機飛往巴塞隆納觀賞辣妹合唱團的演唱會，接著又在另一場位於溫伯利劇院的表演中出現在後台。

戀愛過程中，免不了會產生許多焦慮、疑懼。這對才子佳人則是因爲事業的緣故，經常要長時間分隔兩地，飽嚐相思之苦。雖然維多利亞聲稱她非常信任貝克漢，但是難免還是會起疑心。她會在深夜打電話查勤，非常擔心他有另一個女人。她承認道：「他們一起出去嗎？他們在作些什麼？……當你人在遙遠的地方時，這些問題就會一直盤旋不去。」

不過他們對於彼此的愛意越來越深，而且證明了愛情可以克服時空距離、事業的繁忙、大衆過度關愛的眼神和令人困擾的監視。到了六月，兩人要訂婚的傳聞甚囂塵上。維多利亞從婚紗店走出來的照片刊登在媒體上，貝克漢送了一條價值一萬三千英鎊的鑲鑽十字架作爲耶誕禮物，大家看到維多利亞戴著這個十字架出現在報紙上更是議論紛紛。辣妹合唱團的發言人對這樣的消息一笑置之。而維多利亞自己更是告訴《今日美國》報，說：「我並沒有看到任何戒指，你說呢？」不過，事實上貝克漢已

經正式向維多利亞的家裡提親。提親當天可以說是貝克漢最緊張的一天。其實，他一點也不必擔心。貝克漢在亞當斯家可以說是個頭號人物，特別是潔姬而言，這位未來的丈母娘對於這個務實謙虛，會在飯後提議爲她洗碗的女婿相當滿意。父母同意之後，貝克漢遵循傳統跪在維多利亞面前向她求婚，她毫不猶豫地答應，然後開始製作她自己的戒指。據報導，維多利亞也問貝克漢：「別忘了女人至上，你願意娶我嗎？」

一九九八年一月，就在他們相識十個月後，正式對外宣佈訂婚。當時的照片，讓人看了就會聯想起皇室的舊照片。宣佈時，維多利亞剛從洛杉磯拍攝辣妹電影的工作返回英國；然後到優雅的羅克利飯店與貝克漢碰頭。因爲工作繁忙，他們還睡過了頭，根本沒有時間好好打理面對媒體。原本預定在早上十一點開始的記者會，也讓大家空等。維多利亞的戒指是一枚超過四萬英鎊的單鑽婚戒，貝克漢的金環鑽戒，則是由維多利亞和她的父母特別在好萊塢的珠寶商店選購的。當他們驕傲地向大家展現他們的婚戒時，維多利亞告訴全世界的媒體這就是她衷心渴望的，同時卻又略帶羞怯地說這實在是「大驚喜」。貝克漢則是告訴媒體：「沒有比這更快樂的事了，我得到了夢想中的女人。」雖然有人尖酸地表示，宣佈訂婚的時機與電影「辣妹世界」在美國上映的時間重疊；雖然維多利亞與貝克漢的愛情可能無法跟鐵達尼號中所描繪的一樣浪漫，但是這兩人從此結合為一。

# 第三章 知名五人組

POSH & BECKS

位於倫敦市中心的辣妹辦公室內，牆面上貼滿了辣妹成員的照片。其中還有一張嗆辣妹潔芮・哈樂薇兒真人大小的全身照片。只不過這張照片裡的她倒立著，雙腿打開成V狀。毫無疑問地，這張照片像是一種徵兆一樣，流露出其他辣妹成員心裡感覺被背叛的苦澀滋味，就在美國巡迴表演前一天晚上，嗆辣妹潔芮宣佈離開辣妹合唱團。

辣妹合唱團改變了辣妹們的生命。嗆辣妹潔芮與高貴辣妹維多利亞就像是兩個希望被大家接受、夢想著要成爲明星、夢想著成功的人。她們每個星期仔細地瀏覽娛樂事業雜誌《舞台》（The Stage），想要趕快找到可以一舉成名的工作機會。一九九四年春天，因爲參加電影《戰車女孩》（Tank Girl）的試鏡會，他們在西區的托卡德洛劇場（Trocadero cinema）休息室第一次相遇，兩人在試鏡前還分享著一袋偷來的爆米花。

試鏡結果又一次失敗，自信心再度受到打擊，兩人又回頭等待新一期的《舞台》雜誌，尋找另一個可能的機會。幾個星期之後，她們分別注意到一則尋找女子音樂團體的廣告，條件是「熟悉民間疾苦、具有野心、決心，個性外向」。維多利亞馬上前往應徵。她和其他四百位參加者，每人有三十分鐘的表演時間。她的歌曲以及舞蹈讓

她進入最後決選的名單。赫伯（Chris and Bob Herbert）父子檔是評審，背後的資助人叫做墨菲（Chic Murphy）。赫伯父子覺得可以在男子音樂團體風行的英國，創造出一個成功的女子團體。當時英國流行男子音樂團體，包括《接招合唱團》（Take That）、《東十七合唱團》（East 17）還有《街頭小子》（New Kids on the Block）。對於生意人赫伯父子而言，這純粹是流行音樂界的商業手腕，他們從來沒有想過會造成「辣妹勢力」（Girl Power）。

一九九四年四月，經過第二次的試鏡，維多利亞、潔芮、媚兒碧、媚兒喜和學生米雪兒入選爲團員。她們必須放棄所有其他的工作，所有的假期和其他試鏡的機會，專心地爲成立《接觸》（Touch）團體受訓。有一陣子，他們住在英國南部薩里郡（Surrey）一個提供早餐與住宿的會館集訓，沒有自己的房間。維多利亞帶著兩個裝滿了衣服的大行李箱到達住處，潔芮是她的室友。受訓的日子一點也不迷人。這個五人組合，領失業救濟金，在一個由音樂慈善團體所提供的破舊的舞蹈工作室中排練。

他們的第一首歌曲就像他們所住的環境一樣的糟糕。鋼琴師伊恩・李（Ian Lee）回憶道：「他們的歌聲簡直是糟透了。潔芮沒有辦法捉到節拍，而且沒有一次舞步是整齊的。幾天之後，可以看到一些進步。但是絕對無法短時間達成奇蹟。」事實上，

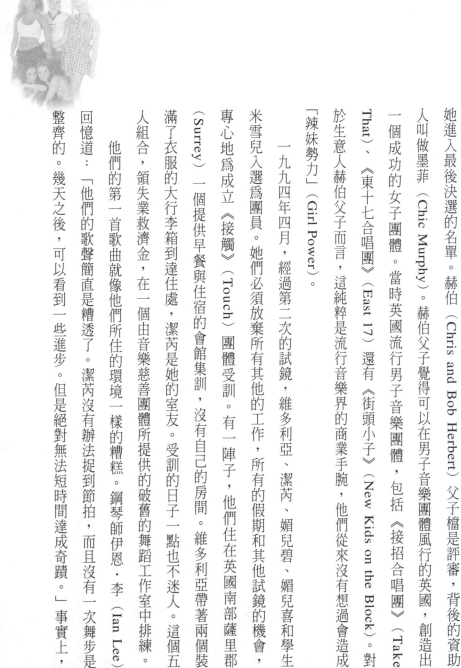

花了兩年的時間辛苦工作，才讓他們「一夕成名」。「爲了成功，他們像是奴隸一樣地練習。」伊恩．李又說。雖然維多利亞、媚兒碧、以及媚兒喜的舞蹈基礎有點幫助，但是他們還是每天從早到晚，規律地練習舞步和歌曲。偶爾，他們會爲前來拜訪的人即興表演。伊恩．李回憶道：「他們就有機會喜歡炫耀賣弄。他們實在是開心果，我們相處的很好。」

後來這五個女孩搬到柏克郡曼德海（Maidenhead）的一座三房的屋子。維多利亞當時與米雪兒同一個房間，米雪兒是個學生，她一直都不像其他女生一樣地投入。後來十八歲的金髮女郎艾瑪．邦頓（Emma Bunton）——寶貝辣妹取代了米雪兒。因爲年紀小，寶貝辣妹就像維多利亞一樣常常會患思鄉病。維多利亞經常帶著寶貝辣妹回北倫敦的家裡。「我喜歡跟著維多利亞出門，因爲她總是到一些高貴時髦的地方。如果你在她心情不錯的時候碰到她，她會讓你不停地笑。她有種很特別的幽默感。」寶貝辣妹說。

她需要這種一本正經的幽默感。曼德海的住宿生活對於在高夫歐克住慣了豪宅的維多利亞簡直是種驚嚇。早上要和其他人搶著使用浴室，要輪流清掃房間，還得排隊才能用到電話。因爲每個人不同的節食計劃，用餐時間也不固定。潔芮有飲食失調、

神經性厭食症以及其他不間斷的問題；其他的女孩也各有怪癖。媚兒喜愛吃馬鈴薯泥和蕃茄醬；寶貝辣妹用嬰兒食品進行節食；維多利亞則是只吃起士和蘇打餅乾，頂多偶爾吃一個貝果加蜂蜜，只有媚兒碧三餐正常。

五個女孩之間免不了會有爭吵和個性上的衝突，但是現在回想起來，他們都只記得美好的時光。就像維多利亞曾經回憶道：「我們非常了解彼此的個性，而且一路走來，我們都互相看過對方快樂、悲傷、哭泣。所以我們處得非常好。」

雖然，五個人相處的很好，不過維多利亞的個性卻讓她隱藏在這個團體的鋒芒之下。維多利亞害怕潔芮，因爲她是個有豐富社會經驗的老大姐；她害怕媚兒碧，因爲她既喧鬧又好爭論。同時，因爲媚兒喜具有公認最好的歌藝，也奪去了維多利亞歌唱方面的光彩。潔芮和媚兒碧像是團體的領導者一樣，總是像貓狗大戰一般地爲了從舞步到歌唱風格的每一件事情爭論不休。「潔芮會站在一旁，氣得雙手捏緊緊地，因爲媚兒碧爲她唱走了調而大鬧一番。媚兒喜則總會扮演和平使者的角色，其他兩個則被這樣的景況嚇壞了。」伊恩．李回憶道。

維多利亞具備了其他的才能，就像潔芮在她的自傳中所說的：「我有著狂野的想像力和雜亂無章的創造力。但是我卻沒有技巧或是任何可以妥善地安排這些想像與創意的方法。媚兒喜的歌聲很棒，但是卻害怕面對鏡頭，個性非常內向的她連講電話都不愛。媚兒碧具備了驚人的精力，但是卻像是支沒有目標的大砲。維多利亞也許沒有太多創意，但是她對生命明智、正常的看法卻是對我們團體最可貴的特質。她可以讓我們腳踏實地，而不會變成脫韁之馬。」

一九九五年二月，當發掘她們的恩師認為這個團體已經可以正式推出表演。要他們簽下合約的時候，維多利亞仔細地看過合約，諮詢過從事生意的父親之後，她告訴其他團員，樂團經理索價太高。一天傍晚，在曼德海房子裡，維多利亞對其他正在聊天的團員提出離開赫伯父子的建議。這項提議馬上受到呼應，特別是潔芮。這些女孩已經不再是新人，經過良好的訓練，專業的人馬知道他們可以成功。她們接受過良好的排練，加強了她們的優勢，淡化了他們的缺點。簡單地說，她們非常有希望成功。伊恩・李回憶道：「你可以看得出來他們將要成功。」

一九九五年四月，和赫伯父子大吵一架之後，辣妹們被趕出住所。在流行音樂作曲家和發行人集中區到處兜售他們的才藝。她們一行人來到雪菲德，與作曲人愛利特・甘迺迪（Eliot Kennedy）合作。愛利特・甘迺迪曾經為接招合唱團寫出上榜熱門

貝克漢展現出早熟的足球才華，年紀很小的時候就是安菲爾德地區聯里茲威流浪隊的明星球員。

稚氣少年貝克漢清楚地展現自己的抱負。

貝克漢每年耶誕節都收到父親送的曼聯隊複製球衣，這自然使他從小就繼承了父親對紅魔鬼曼聯隊的熱忱。

SHARP
ETRVSCO
UNICO
adidas
M.U.F.C.

貝克漢在十四歲生日的時候就已跟曼聯少年隊簽下合約。

一九九六年，貝克漢與當時的女友茱莉．基列利參加在培里舉行的電影首映會。茱莉．基列利的父親是一位百萬營造商，她後來嫁給曼聯隊後衛菲利普．內維爾。

辣妹合唱團—維多利亞(左下，順時鐘方向)、媚兒碧、媚兒喜、艾瑪與潔芮—拍攝於一九九六年七月，發行第一首單曲《Wannabe》時，這首單曲在兩週內就登上榜首。

一九九七年二月六日紅鼻子節，辣妹合唱團在杜莎夫人蠟像館參加慈善募款活動。

一九九七年五月，辣妹合唱團在坎城宣傳電影《天旋地轉》。

一九九七年二月，維多利亞與潔芮在全英新音樂獎演唱《Who Do You Think You Are?》。當年辣妹合唱團在全英音樂獎獲得最佳音樂錄影帶獎與最佳單曲獎。

一九九七年十二月在倫敦，他們穿著傳統的英國直條紋套裝。一九九八年一月在洛杉磯，她們穿著全白套裝出席晚會。

辣妹合唱團在英國與美國的電影《天旋地轉》首映會上穿著同款的服裝，當時相當轟動。

OPERA HOUSE
STOP

一九九七年五月，辣妹合唱團與查爾斯王子的合照，當時他們正參加在曼徹斯特歌劇院舉行的王子信託基金慈善演唱會。

一九九八年一月，維多利亞與貝克漢在交往十個月後宣佈訂婚，這也代表著流行音樂界與足球界的結合。貝克漢告訴全世界的媒體：「我得到了夢想中的女人，再也沒有比這更快樂的事了！」

兩人的第一個家位於赤郡的高級住宅區艾德里。儘管這間公寓靠近老特拉維德球場，對維多利亞而言卻一點也沒有家的感覺。

就在他們的兒子布魯克林出生前幾個月，懷孕的維多利亞與貝克漢在馬貝拉渡假。在這西班牙渡假地，有人看到貝克漢親吻維多利亞的大肚子。

貝克漢與維多利亞攜手漫步。

「貝金漢宮」位於赫福郡與艾塞克斯的邊境。維多利亞選擇這個地方是因為它接近高夫歐克的娘家。

貝克漢位於曼徹斯特的家。

儘管有孕在身，維多利亞仍參加各式各樣娛樂圈的聚會。

驕傲的父親貝克漢抱著布魯克林正要離開倫敦的艾薇餐廳。他曾經說：「我好愛布魯克林，甚至願意為他作任何事情。我建議所有的男士都應該當爸爸看看。」

貝克漢與維多利亞於一九九九年六月，穿著一樣的黑色皮衣參加凡賽斯俱樂部。

一九九九年十月，貝克漢與維多利亞參加在倫敦舉行的MOBO音樂獎典禮。

拍攝於一九九九年七月，就在他們引起各界議論的婚禮舉行之前。

「新皇族」正開心地搬運著他們婚禮的王座。

太陽報以漫畫諷喻貝克漢夫妻皇室般的婚禮，對伊莉莎白二世來說頗有「逼宮」意味。

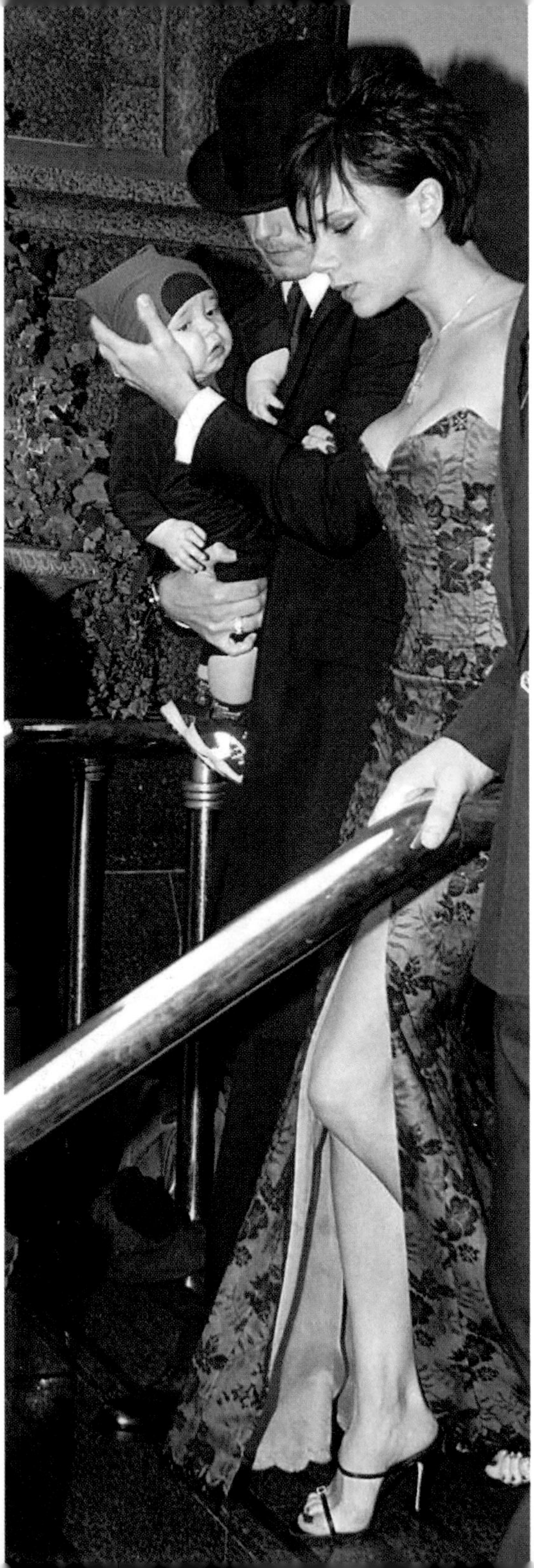

一九九九年十二月，貝克漢一家三口參加隊友兼死黨菲利普．內維爾的婚禮。儘管主人要求所有女賓的穿著以代表曼聯隊的紅、黑、白色為主，維多利亞仍穿著一襲露肩咖啡色的禮服，高叉開到大腿，搶盡了所有風采。

貝克漢躺在練習場上，露出刻有布魯克林字樣的刺青。刺青位在脊椎底部，在襯衫底下他的兩臂之間，還隱藏了一個守護天使的圖樣。貝克漢解釋：「布魯克林在下面，這樣就好像天使在看護著他一樣。」

貝克漢的手工打造TVR跑車後方，有個印有布魯克林的名字的特別座椅。此外，布魯克林的名字還印在貝克漢的高爾夫球鞋上。

維多利亞於南非所舉行之王子信託基金慈善演唱會擁抱前南非總理曼德拉。

歌曲。麥特・羅威（Matt Rowe）和李察・史坦納（Richard Stannard）則幫她們寫了成名曲《Wannabe》。

她們發現需要找一位和她們具備同樣野心的經理。而她們所要找的人正是賽門・富勒（Simon Fuller）。富勒曾經是安妮・雷克斯（Anne Lennonx）以及迪士可皇后——凱西・丹尼斯〈Cathy Dennis〉的經紀人。第一次會談，這群還在領失業救濟金的女孩們談論著她們的抱負與夢想。電影、肖像商品、電視特別節目等等都在她們的計劃裡。維多利亞嘲弄地說：「我們想要跟伯希爾汽車（Persil Automatic）一樣出名。」富勒則對這群女孩說，不管有沒有他，她們一定會成功，但是只要遵循著富勒的指導就能達成她們夢想。她們相信了富勒的承諾，同意交由他全權經紀。首先，富勒開始清理辣妹們所留下的爛攤子，處理與赫伯父子之間的合約糾紛。然後爲辣妹合唱團找到唱片合約。有些人認爲這一段故事代表了經紀人的大勝利，也有些人冷眼實際地將這次的轉變看成職業的足球員交易，雙方以都不願意透露的天價，將辣妹合唱團易手。

無論如何，在接下來的歲月裡，維多利亞靜靜地從大師身上學習。她的商業頭腦吸收了經理花言巧語如同催眠大師一般的操作方式。幾乎是出於本能的，維多利亞馬上學到了要在演藝事業上面成功光有才華是不夠的。更重要的是，勤奮工作、企業化與控制管理。形象的控制管理最重要；計劃、人員配置、公關和促銷都是成功的重要元素。

一九九五年七月，當辣妹歡欣鼓舞地慶祝與維京唱片簽下第一張唱片合約時，才讓維多利亞卸下了她知名的自制形象。她們在維京唱片總公司的頂樓所舉辦的香檳記者接待會上，簽下了傳聞有兩百萬英鎊的合約。回家的路上，因爲酒精作祟，加上興奮高昂的興致，維多利亞將自己身上的燈籠褲拋出了計程車外。

同樣歡騰的精神，也出現在幾個月後辣妹合唱團演唱《Wannabe》的時候。她們圍繞著開普敦賽馬場的青銅雕像，辣妹合唱團的演唱讓賽馬的官員們煩惱。辣妹們興高采烈的精神與同伴之間的友誼讓與她們合作第一張專輯的人印象深刻。後來還將這樣的精神定義爲「辣妹勢力」。製作人麥特羅威回憶說：「辣妹們的態度、做事的方式，所有辣妹勢力所表彰的精神，從一開始就存在了。她們擁有歌曲的創意，我們只是像拼圖一樣地把歌曲完成。」

一九九六年早期，拼圖開始成型。第一首單曲《Wannabe》的音樂錄影帶在有線電視放映受到空前的成功，一週以內就重複播放了七十次。之後爲了想要測試一下市

場，單曲音樂錄影帶在日本出版，《Wannabe》的銷售數字超過披頭四任何一張專輯。一九九六年七月，《Wannabe》在英國發行，兩週後即到達排行榜第一名，而且保持了將近兩個月。光在英國，唱片銷售了一百二十五萬張。後來少年偶像彼得·安德魯（Peter Andre），同時也是維多利亞母親最愛的歌手，打下了辣妹合唱團的冠軍地位。在無數的訪談與電視曝光之間，辣妹們很少有時間可以思考爲什麼她們會一舉成名。有一次，困惑的維多利亞說：「小的時候，我總是夢想著『我要成名』，但是，發生在辣妹合唱團身上的事實在是非比尋常，你不能夠期望會有第二次。」

辣妹們無窮的活力和生命力似乎吸引了全國的關注。她們喧鬧、自負，有時候賣弄性感，而且似乎不懼怕任何人。媚兒碧解釋說：「辣妹勢力的觀念就在於了解自己，不受任何人影響，得到自己想要的。但不是用卑鄙的方法，而是用正派的方法。」政治家和主教們利用辣妹的歌曲來表達自己對經濟的看法、對全國健康的政策的理念。辣妹合唱團表現出積極的自信、性感無比的能量與熱烈的態度；但是在這個形象後面，是一群務實的郊區女孩，她們愛母親，而且相信傳統價值——對婚姻忠誠、個人的努力、與其他同伴之間保有深厚的友誼、短暫的戀情。雖然她們自己也許不是很清楚，但是當她們讚揚前首相柴契爾夫人是一位獨創的辣妹原型，她們無疑地說出了精確的辣妹定義。保守黨黨部說：「辣妹合唱團明顯地具有清楚的政治理念，她們是個先進的團體，而我們是個先進的政黨。」

就辣妹合唱團的許多層面而言，維多利亞代表了辣妹勢力的教義綱領。她是個出身於倫敦郊區的女孩，具有保守的政治理念，對文化漠不關心，但是對於家庭價值卻非常重視。儘管維多利亞在團體裡似乎是最不具才華的一位，但是就長遠的觀察結果，她證明了自己較有紀律、較聰明伶俐而且比其他女孩都來得成功。辣妹合唱團本身的定義就是企圖心，維多利亞證明了自己是團員當中最野心勃勃的辣妹。

經過了《Wannabe》的成功之後，辣妹合唱團接二連三地又推出了許多成功的熱門歌曲。一九九六年十月，第二首單曲《Say You'll Be There》，也就是迷住貝克漢的那首歌曲，像炫風一般地席捲排行榜，同時，她們令人期待的專輯也在所有聖誕節時期的排行榜榮獲冠軍。媚兒碧回憶到那段時期：「所有的事情都發生的太快了。前一天，我們還默默無名，第二天就打敗了喬治麥可，變成了第一名。」雜誌《轟動的演出》（Smash Hits）說她們是用魔術胸罩打敗了綠洲合唱團。辣妹合唱團成功的速度快得令人迷惑。不到五個月，就已經世界聞名。之後，他們在聖誕節的時候，隨著王

室與好萊塢明星一同點亮倫敦牛津街上的聖誕燈。

雖然辣妹合唱團已經如旋風一樣地風靡了全英國，她們必須在美國取得成功，絲毫不容懈怠。挾著三首冠軍單曲，一九九七年一月，她們到達紐約，開始了美國之行。繁忙的行程使她們身心俱疲。維多利亞因此感冒，但是仍舊掙扎撐過一連串個人曝光的節目、訪談和拍照工作。辛苦的工作獲得了豐厚的代價，她們幾乎包辦了所有二月份美國告示牌排行榜上重要的名次。

她們接著又馬不停蹄地回到英國，爲全英音樂獎表演開場秀。之前毫不知名的辣妹合唱團，現在就像流行音樂的王室一般，被提名五個獎項。維多利亞當時觀察說：「一切漸入佳境。」她們的表演成功，嗆辣妹潔芮的迷你英國國旗裝奪走了許多人的目光，特別是當她在三千萬電視觀眾面前裸露更多的時候。嗆辣妹潔芮後來表示：「所有人以前就看過了呀，我一點也不在乎。」

馬不停蹄的行程持續著。三月份，她們參加慈善活動。由一群模仿名人的班底演出熱門單曲《Who Do You Think Yo Are》的音樂錄影帶，其中肥胖的女喜劇演員唐法蘭琪扮演維多利亞。爲了揣摩角色，唐法蘭琪問這位總是頂著撲克牌臉的辣妹爲什麼總是不笑。回答是：「因爲我有酒窩，我一笑看來就像十三歲的女生。」在辣妹合唱團的熱門單曲音樂錄影帶達成公關目的之際，她們也很快地成爲史上最暢銷的團體。辣妹合唱團的樂迷可以買到各式各樣大量的商品。從辣妹娃娃、相機、手錶、燈飾、書到錄影帶與服飾。代言合約源源不絕，像是英國電話卡、寶麗萊立可拍相機、班尼頓服飾、百事可樂與艾培利亞摩托車等等，雖然後來因爲嗆辣妹潔芮的離團造成嚴重違約，需要付出高價的違約金，但是這些合約仍舊爲她們賺進大把鈔票。據估計，錄影帶大概爲她們賺進了五百萬英鎊，第五頻道推出的活動賺進五十萬元英鎊，每一位辣妹單獨曝光的工作需要支付五萬元英鎊。辣妹合唱團稱不上是個流行樂團，因爲她們還沒有舉辦過現場演唱，但是她們可以說是一項流行音樂與市場行銷的奇蹟。如同評論家馬丁・山謬（Martin Samuel）所說明的：「她們光是要求樂迷們消費，完全與辣妹勢力無關。」

到目前爲止，維多利亞和其他成員已經成爲百萬富翁，擁有代表著超級明星地位的專屬司機、秘書、私人噴射機、個人造型師、公關與會計師。背後操刀的精算大師正是賽門・富勒。在單曲與音樂錄影帶之後，辣妹合唱團又開始忙碌地爲電影《天旋地轉》（Spiceworld）工作。這部爆笑喜劇，用輕鬆愉快的角度講述辣妹的生活，其中包含記者會、排練與演唱表演。經過六個星期精疲力竭的工作，從清晨六點到深

夜，在倫敦各個不同的場景拍攝。其中還有大明星李察．葛蘭，藍尼．亨利以及艾爾頓．強情商客串。忙碌的合唱團馬不停蹄，電影之後就接著出發到土耳其伊斯坦堡舉辦現場演唱會，然後是遠東地區嚴酷的宣傳行程。每一位辣妹都精疲力盡。她們完全沒有自己的私生活，只剩令人難以忍受的忙碌行程。一天工作超過十八個小時，連短暫的休假都可能突然終止。經理控制了她們的每一分鐘，每一個動作。嗆辣妹潔芮有次苦求著要休息一個星期，卻被嚴厲地拒絕。如果辣妹們從事規定範圍之外的活動，經理大人就會直接打斷她們，她們開始覺得自己被綑綁在繭裡生活。

殘酷的是辣妹合唱團不但無法力行辣妹勢力的信念，實際上她們對於自己的生活與事業一點掌控權也沒有。從一開始，她們就生活在謊言中。剛開始推出辣妹合唱團的時候，宣傳的重點是她們是個凡事都自己打理的女子團體。快速成功傳說，能幹的辣妹合唱團一路勇闖維京唱片總裁——艾里．紐頓（Ashley Newton）的辦公室，獲得了他的青睞。她們表演了一首歌與舞蹈，紐頓馬上就看出了她們的明星天賦。紐頓說：「那一場歌曲舞藝讓我們驚覺她們是一群非常有自己意見的女生，絕不是由哪一個花言巧語的經紀人所創造出來的繡花枕頭。」所有的功夫都是辣妹們自己學來的。媚兒碧說：「常有人說他們管理我們，但是我們已經在音樂界混了好些年，很多事情都是我們自己做的。我們親力而為，沒有什麼事情是我們無法處理的。」

音樂批評家克里斯・布萊哈斯特（Chris Blackhurst）的看法卻是：「一個人造的合唱團體，她們之所以在一起是要為自己與贊助者賺錢。」在噘嘴擺弄姿勢，齜牙咧嘴的笑容以及辣妹勢力的宣言後面，是一連串安排好的媒體炒作與精心計劃的廣告促銷。

辣妹合唱團是一個生意人為了賺錢所推出的團體，這些生意人可不是為了宣揚兩性平等或是女性自由的觀念。生意人麥可・斯伯克承認說：「原則上，你可以說辣妹合唱團是我的作品。我們只是像製造商品一樣地將她們拼湊在一起。我負責歌曲、管理，公司則負責她們的形象。」伊恩・李也有同樣的感觸：「我無法相信他們的故事——關於所有的事情都是辣妹們自己來之類的。他們不過是一個組合而成的團體。」一位男性的作者刻劃出辣妹現象，還有他們的綽號——高貴辣妹、運動辣妹、嗆辣妹、寶貝辣妹與猛辣妹。第一位塑造她們的人給予她們的評價則比較謹慎，克里斯・赫伯說：「沒錯，是我創造了這個團體，不過這群女生也一直努力。我這樣說好了，我放了所有的成分，而辣妹們則加入了調味料。」

每一個人，從寫曲人、公關人員到辣妹她們自己本身都在傳播這樣的神話。辣妹

合唱團身爲中心人物，處在事實與神話巨大的鴻溝上，實在難以進退。那一段時期如果妥協於自己的需求，她們都會有「罪惡感」或「感覺在撒野」。媚兒喜躲在健身房裡面，維多利亞不斷地與家人和男友貝克漢通電話。維多利亞說：「有時候人在美國，想要的只是一個擁抱。這種情況眞的讓人很難過。」巡迴演唱讓維多利亞每天哭泣，她好想家，好想回到家人溫暖的懷抱中。家代表了安全、穩定、隨心所欲。她的藝名——高貴辣妹並不能代表她的眞實個性，雖然她喜歡名家設計的服飾，她仍是一個出身倫敦郊區的女生。她的父母辛勤努力地賺得自己的財富。就像媚兒喜所說的：「她並不是高貴。雖然穿著高貴的服飾，但是她是個跟我們一樣的普通女生。」

獲得了財富、喝采與名聲，可以會見偉大或是知名的人士，如查爾斯王子和前南非總理曼德拉，但是她們的心理相當清楚能夠有今天的成就，要歸功於造型創造者、她們的經理與她們本身的努力。但就像在她們之前的流行團體，她們開始想要有個別表現的機會，不只是作爲演藝團體的一員。她們精疲力竭，不管是身體或心理都相當不愉快，生活不再是她們可以自己掌控的。根據一個貼近辣妹合唱團的消息來源觀察出，她們已經疲累不堪甚至歇斯底里了，有跡象顯示她們開始爭取自主權。

一開始爲了要成名，可以將控制權交給他人，現在辣妹們想要改變方向。她們已經享受到快速成名的滋味，現在她們需要時間享受成功，同時理出未來的目標，她們不想再當賺錢的機器了。她們的想法無可避免演變成管理權的爭奪戰。一九九七年秋天，媚兒碧與潔芮討論著離開賽門・富勒的可能性。經過了苛刻艱苦的遠東之行，她們認爲維多利亞會同意。有些報導顯示，潔芮是因爲她們的經理與最年輕的團員之間的情誼而生氣。心懷怨懟、疲憊不堪的辣妹們，一開始在團員之間討論著離開經理的細節。然後她們帶著律師，於一九九七年十一月解僱了剛因爲背部手術恢復，從倫敦的克龍醫院出院的賽門・富勒。報導說辣妹們支付了一千萬英鎊的安撫金。

雖然辣妹們失去了龐大的隨行人員與富勒所提供的支援，她們贏回了自己的生活。媒體將這樣的行動形容爲非常有辣妹勢力精神的一種舉動。更精確地說，這是辣妹們第一次實行一直在重複的口號。維多利亞說：「自從我們解僱了經理之後，開始覺得擁有主控權。我們比較喜歡現在的做法。我們一直就希望可以像現在一樣自己做決定。」其他的團員也有同樣的感觸。媚兒喜回憶說，她們一直就想要離開賽門・富勒的控制，可是又覺得很害怕。「我們離開賽門的那一天實在讓我鬆了一口氣。在那之前，如果沒有每天上健身房，我會一直有罪惡感。但是，現在我可以自己決定要不

要去健身房。」

那時，她們終於有時間可以重新調整自己，決定自己想要的事業目標。要如何去做她們眞正想要做的事情，而不是隨他人的音樂起舞。這可以說是流行音樂界的老故事了：經理階層與藝人之間產生利害衝突，團員因爲想要保留自己的個人主張而產生裂痕。辣妹們因爲盲目的野心而湊在一起，現在她們有機會看清楚方向，發掘她們天生的才華。諷刺的是當辣妹們解僱富勒的時候，荷蘭舉辦的音樂電視大獎投票選出辣妹合唱團爲世界最棒的團體，這得感謝恩師們的引導，讓辣妹們達到了流行音樂界的頂峰，現在她們想追求的是自己的夢想。

一開始自由之路並不順利，就在富勒離開幾天後，她們就摔了個大跟斗。在西班牙的一場頒獎典禮上，因爲堅持要攝影師離席才肯開始表演，辣妹們被噓下臺。之所以會有這樣的爭吵，是因爲辣妹們強烈地保護她們的形象，避免有人用銷售辣妹合唱團照片的方式賺錢，但是當時卻沒有機會讓她們適當地說明。更諷刺的是，爭吵的主要議題，也就是引起她們解僱經理的主要原因——控制。事實上，當富勒在職時，同樣的事件也發生在印度與斯德哥爾摩的演唱會上。同時，媒體報導指出他們的第二張專輯在英國與美國的銷售數字不如預期，而她們的電影《天旋地轉》上映的評價也不高。情況似乎開始對這個史上最暢銷的團體不利。每個人都在等著看她們從成功的高峰上掉下來。

第四章

# 一日之后

POSH & BECKS

一個灰暗陰沈的三月傍晚，期待、興奮的氣氛在空氣裡盤旋，所有倫敦市區波特蘭醫院的人都知道他們正在見證一個明星的誕生。這家私人醫院曾經接生過多位王室的小孩——約克公爵、碧翠絲和尤姬妮爾公主，現在正迎接另一個貴人之子。一九九九年三月四日，晚間七點四十八分，布魯克林．約瑟夫．貝克漢(Brooklyn Joseph Beckham)誕生了，迎接他的是有如王室一般的儀式。這不光是一個小寶貝誕生，也是一個朝代的創立，布魯克林是公認的皇嗣。

他是當天兩千個新生兒當中名聲最響亮的，他誕生的消息佔滿了電視新聞報導，將科索夫戰役的消息踢出小報頭版。維多利亞說：「眞是嚇壞我了，別人會以爲我生了一個王室成員。」所有的報導風潮，都證明了布魯克林的確受到如王子般的待遇。首先，正式的新聞快報記錄了布魯克林出生的細節——剖腹產、重量七磅、比預產期早了六天。吵雜等待的相機隊伍、攝影師、廣播與平面記者，還有興奮的仰慕者在醫院外守候。驕傲的父親貝克漢在一旁守候，母子平安。這位足球萬人迷自然因兒子的誕生而喜不自勝。

接著是娛樂圈的演藝名流紛紛到達，小小嬰兒床邊堆滿了禮物。辣妹們帶來了汽球、香檳與花朵。艾爾頓．強送了一隻大型的泰迪熊以及蒂芬妮的純銀碗組，凡

賽斯則送了他設計的嬰兒裝。最後，在醫院五天的私人套房休息恢復後，本以爲他們會像其他王室家族一樣，這對快樂的三人組將公開亮相，讓世界看看貝克漢家的新生寶貝，結果貝克漢一家卻有不同的想法，在精心策劃之下，一輛黑窗的豪華轎車停在醫院後門，幾分鐘之後，在警察的護航下迅速離開，一路不停地前往維多利亞位於赫福郡的娘家。煞費苦心的保全措施，護送著似乎比王子還要尊貴的布魯克林。

貝克漢夫婦強烈地表明，布魯克林的隱私是最重要的。維多利亞解釋著：「他是完完全全屬於我們，他不是搖錢樹。」他們溫暖地敘述著對兒子的愛。貝克漢是個完美的丈夫，換尿布、餵奶；維多利亞又是如何捨不得離開兒子一步。每當外出購物時，他們會強烈地維護布魯克林，用手遮掩著他的臉，不讓他受到攝影師的打擾。不過，在布魯克林還牙牙學語的時候，他就已成爲同輩當中曝光率最高、媒體最常討論的話題，大部分的報導要歸功於貝克漢夫婦的努力。雖然貝克漢夫婦聲稱要保護兒子的隱私權，布魯克林卻很快地成爲小小搖錢樹，不到四個月的時候就已經獲得了雜誌刊登相片的報酬。貝克漢夫婦將他們生活當中最重要的事件，用獨家授權的方式與媒體議價——包括他們的婚禮及維多利亞懷孕的訊息。據說這對夫妻檔以一百萬英鎊的金額讓專門報導明星消息的《OK!》雜誌獨家披露維多利亞懷孕的消息。維多利亞懷孕時，夫妻倆又驚又喜。她回憶道：「他（布魯克林）挑了一個好時辰來臨。」

一九九八年夏天，當時維多利亞和辣妹合唱團正在美國巡迴演唱，她發現自己懷孕了。懷孕是一件很辛苦的事。然而即使是害喜得很嚴重，身體極度不舒服，維多利亞依舊需要每晚上舞台表演。她開玩笑地說每次練舞的時候，她會衝到一旁嘔吐，即使有些舞步因爲他的身體狀況已經編排得較爲柔和也沒有用。繁忙的巡迴演唱行程，因潔芮離團而增加了許多壓力，同時也讓她胃口盡失，思鄉病讓害喜的情況更加嚴重。美國距離迷人舒適的家實在太遙遠。維多利亞比較著說：「跟美國比起來，我比較喜歡歐洲的食物。特別是在歐洲隨時可以找到二十四小時的便利商店（Marks and Spencer），讓我可以在時差懸殊的情況下打電話。」她因爲貝克漢不在身邊而更覺孤單，他們只能夠透過不斷的通電話保持聯繫。

經過早期幾個星期害喜的痛苦，維多利亞似乎開始喜歡炫耀她那大腹便便的模樣，而貝克漢則沉迷於即將當爸爸的喜悅之中。當他們在西班牙馬貝拉渡假時，有人看到貝克漢親吻著維多利亞的肚子。貝克漢不受拘束愉快地談論他即將出世的兒

子：「我無法用言語形容我對布魯克林的感覺，那好像是一種連結，而且從他在維多利亞的肚子裡就開始了，實在不可思議。」有消息指出貝克漢曾經想要花費十萬英鎊購買超音波儀器，以紀錄布魯克林在維多利亞肚子裡的成長過程。也有報導說當維多利亞在美國的時候，他們爲還沒有誕生的布魯克林製作了一部二十分鐘的家庭電影。

可是金錢與科技也無法保證孩子一定會健康地出生。維多利亞總擔心她的寶貝可能會發生問題。她承認自己杞人憂天的個性，儘管母親與貝克漢不斷安撫她，她還是一直感到焦慮。這個喜歡掌控生活裡所有的事情的年輕女性說：「那實在是我無法控制的。」至少她是完完全全地掌控她的婚禮。爲了計劃這項盛事，花了十四個月，上百通電話、信件、拜訪與會談。僅藉著助理們的協助，以及瑪格麗特公主前夫斯諾敦爵士的兄弟——佩律格．阿姆斯壯．瓊斯的安排，維多利亞與她的母親潔姬策劃了這場轟動一時的巨星婚禮。如果說布魯克林的誕生是貝克漢皇朝的開始，那麼，這場婚禮可以說是加冕典禮。

一九九九年七月四日舉行婚禮，正好是布魯克林出生四個月的時候。儘管他們公然地表達對彼此的熱愛，這場年度婚禮卻因爲這對夫妻將傳統上視爲心靈結合的莊嚴儀式，變成了一場攝影秀而有點變質走調。一般的新婚夫妻應該享受浪漫美好的新婚夜，卻演變成疲倦的維多利亞與貝克漢大清早依偎在燈光前面，挑選著要送給《OK!》雜誌作特別報導的照片。檔案作家史都特・傑佛瑞（Stuart Jeffries）精明地發現：「《OK!》雜誌為他們的婚禮做了兩集的專題報導，這可以顯示出維多利亞不顧一切地要贏得大眾的眼光。」

長久以來，維多利亞的心理就存在著對婚姻羅曼蒂克的幻想。從小，她就有本專門收集理想新娘照片的剪貼簿。當他們一決定要結婚的時候，她馬上找出這本從小收集珍藏的剪貼簿，標示出他喜愛的婚禮儀式。一個朋友說：「那就像是兒時的夢想成眞。」這對新人之所以以童話為主題來設計婚禮，是因為他們相信他們之間的羅曼史就像童話一樣，而且如同維多利亞承認的，她和貝克漢的個性都像大孩子一樣。貝克漢的嗜好之一是描繪迪士尼卡通人物，並且為它們上色。戀愛時期，他常常會將這些手繪的圖案加上一些愛的話語傳眞給維多利亞。有個朋友說：「他們在一起的時候總是很開心——貝克漢會滿屋子追著維多利亞，或是兩個人跟孩子一樣在床上跳，咯咯地笑，而且通常很容易傷感。」

他們眞是天之驕子，有能力將世界變成他們的遊樂場。為了改裝路得史東堡，

他們花費了五十萬英鎊，將這座位於都柏林外優雅的十八世紀的城堡，變成神話般的人間仙境，直可媲美迪士尼樂園。婚禮採用羅賓漢劫富濟貧的故事場景，天幕與地板砌成綠色，樹枝嫩芽、蘋果、許多天鵝絨的布料佈滿勃根第葡萄酒及一萬五千盞華麗的燈飾。他們選擇迪士尼卡通《美女與野獸》，作爲在大批賓客來臨前的入場音樂，而舞蹈的音樂則是採用電影獅子王的主題旋律。典禮尾聲還有一場壯麗盛大的四分鐘煙火表演，實在不負神奇王國的風采。

她們的婚禮就像每一場成功的迪士尼表演，結合了浪漫的想像與皇室歷史。在城堡的土地上，一座血統純正的十八世紀小教堂，曾經使一八四九年來訪的維多利亞女王心動不已：「我很希望愛伯特和我是在這裡舉行婚禮的。」一個世紀之後，維多利亞同樣選擇了這個地點，作爲她生命中加冕典禮的場景，現在該地點被命名爲維多利亞女王的建築物。曾經服事威爾斯王妃黛安娜的皇室珠寶商史林·巴瑞特爲了維多利亞的大喜日子，借給她價值十萬英鎊的鑽石與黃金冠冕，這些珠寶後來捐作慈善拍賣。

這些和眞實皇室的關聯，在婚禮的其他安排上顯露無遺。兩百五十五位賓客，包括辣妹團員與曼聯隊隊友，收到的邀請函是羊皮紙浮印金色的葉子，同時塗了一層特別設計的徽章，圖案上有天鵝、王冠與「愛與友誼」的字樣。賓客到達氣勢宏偉的城堡時，就像到了神奇王國的宮殿。一支深紫色旗幟上裝飾著維多利亞與貝克漢的紋飾，他們的名字縮寫隨著微風飄揚，城垛上傳來響亮的喇叭聲，角塔上射出一條六英尺長的絲綢火焰。一旦進入了厚實的石牆內，少數的幾位貴賓得以帝國的紫紅色地毯接待。進入令人印象深刻的樓梯前往宴席，穿著特殊制服的男僕在小夜曲的旋律中，以愛爾蘭風俗接待賓客。之後，大家以純銀的高腳杯向新郎與新娘舉杯敬酒。新人坐在紅色與金黃色的王位上，接受了賓客的讚美和掌聲。結婚蛋糕上別緻的展現著貝克漢一家人的裸像。新郎發表感言：「我將會永遠地愛護與照顧維多利亞，待她如王妃一般，因爲那是她喜歡的方式。」這段話表達出貝克漢對維多利亞的深刻了解，也顯現出兩人互動的關係。維多利亞是一位喜歡下達命令的王妃。她刪去結婚誓言中的「服從丈夫」，而貝克漢則溫順地服從她的意願，爲了她取消友人提議的告別單身男士之夜，而且對這場婚禮嚴陣以待。

就像維多利亞在兩個人關係中給人強勢的印象，她對於婚禮的安排也是一樣專制，不允許任何意外發生。她每天打五通電話給安排婚禮的佩律格。維多利亞說：「我們的要求很清楚，而且已經跟佩律格討論了每一項細節。我大可以將一切的事情

交給他，但是我想自己處理。」舉例來說，新娘禮服是由美國設計師王薇拉（Vera Wang）所設計，維多利亞橫越大西洋，到紐約試穿了三次才滿意這套價值六萬美金的新娘禮服。維多利亞說：「感覺就像郝思嘉穿的一樣。」結婚當天，貝克漢爲了紓解壓力去打一場高爾夫球，而維多利亞則是在城堡的走道四處巡迴，檢查最後的準備細節。十八首的星光管絃樂曲，她規定三位樂師走位的方式，因爲「他們看起來怪怪的」。就像樂團其他的人一樣，這三位樂師從六個星期之前就開始練習這些曲目，最後一刻的決定讓人不禁要控告她是一個「惡劣的控制狂」。

在多愁善感與濃情蜜意底下，這不只是一場婚禮，也是一場精心包裝的賺錢詭計，爲貝克漢夫妻和已經付了鉅額費用的《OK!》雜誌賺進大把鈔票。爲了避開在場外埋伏的攝影師，所有的賓客由直昇機接送抵達。而且在進入宴席之前，所有的人還得接受搜身的檢查程序，因爲在宴席上不准有任何私人拍照的行爲。爲了要配合講究形式的攝影師，婚禮進行得相當緩慢，幾乎是停滯不前。同時，爲了掃除媒體等不速之客，許多保全人員帶著嗅探犬在這五百六十英畝的地產上到處巡邏。「最主要的目的，是讓所有參加婚禮的人都能夠感到賓至如歸。」維多利亞說著，絲毫沒有感覺到這之間的反諷。

這場婚禮引起了一連串批評，不只是因爲誇耀、虛榮以及極盡奢華之能事，更因爲這對夫妻販賣他們的羅曼史，將婚禮當天的報導賣給媒體賺取金錢。雖然世界上有許多明星也有同樣的行徑，這是稀鬆平常的方式，不過批評聲浪卻也從不間斷。更有趣的是，當維多利亞談到這個價值一百萬英鎊的日子時，她的說法表達出隱藏在心裡底層的想法。她在接受電視訪談時說：「我們希望所有的事情都在掌控之下，所有的事情都很安全。而最好的方式就是控制所有的照片和拍照的方式。這樣一來就不會有推擠或是撞擊等意外發生。」掌控和安全，這兩個片語代表維多利亞生命中最重要的價值。

對任何批評都相當敏感的維多利亞，出來爲自己的婚禮辯護，大聲說對她而言，這只不過是一場讓她「美夢成眞」的婚禮。他們所花的錢，所做的決定都反映出這對夫妻的慾望，以及他們的幽默感。「世上充斥著虛僞的事物，只要我們高興，家人高興，我們不在乎別人的說法。因爲家人才是最重要的。」維多利亞意氣軒昂地反擊。

在婚禮上，維多利亞雖然已經接受了加冕，但是她還得多學習古老的皇室格言：「不抱怨、不解釋。」

# 第五章 相愛容易相處難

POSH & BECKS

對維多利亞而言，那是令人滿意的一天，貝克漢一直在她的思緒當中。在前接招合唱團的歌手——蓋瑞．巴洛（Gary Barlow）位於卻斯郡康丁敦家裡的高科技錄音室，他和維多利亞一起爲她的個人專輯寫曲錄音，工作了好幾個鐘頭。這座錄音室距離貝克漢家只有幾分鐘的車程。他們所錄製的情歌歌詞充滿了維多利亞對貝克漢的專注與熱情。第二段錄音結束後，維多利亞相當滿意自己的表現，急於和貝克漢分享今天的一切。

她想到當天晚上並無特別的計劃，也許可以外帶中華料理，或是觀賞她最喜歡的熱門美國喜劇影集《六人行》（Friends）或《傻子與馬》（Only Fools and Horses）。貝克漢則有其他的計劃。兩千年五月，剛好結束了忙碌的足球季節。佛格遜已經給了他六天的假期。他想要爲維多利亞這個令他生命圓滿快樂的女人，做些特別的安排。一開始，浪漫的貝克漢想要帶維多利亞飛到太平洋上，接近夏威夷的毛伊島，因爲維多利亞一直想去那裡。但是當他發現一趟航程需要花二十三個小時，便打消念頭。貝克漢打電話試探至親好友的意思，維京唱片負責辣妹合唱團的資深專員同意出借他在義大利佛羅倫斯郊外塔斯卡尼僻靜的別墅，另一個朋友則準備了一架私人噴射機在曼

徹斯特機場等待貝克漢夫妻與布魯克林登機，前往義大利展開一個神秘假期。

萬事齊備，只剩打包。等到維多利亞早上出門去錄音室，貝克漢與她的岳母將行李打包。然後，貝克漢到錄音室接毫不知情的維多利亞，跟她說要到機場接一位親戚。一直等到登機前往塔斯卡尼，貝克漢才告訴維多利亞要帶她去度二度蜜月。貝克漢精心策劃與昂貴的驚喜，表現出他對於情人、救主兼夥伴深切的情感。這個情人幫助他更堅強，也更自信。就像他所說的：「維多利亞讓我信心十足。我本來是個相當害羞的人，但是她讓我更像個男人。」他們的感情的確是非常熱切，只有在彼此的陪伴下，才能讓他們神采奕奕。他們的朋友蕾蓓·加克普（Rebecca Cripps）就說：「我從來沒有看過這樣強烈的愛情。」

他們經常會送愛的短箋與卡片給對方，不間斷的手機傳情，還買小禮物餽贈彼此。他們形影不離，公開地親吻，表達對彼此的親蜜愛意，好像這個世界只剩下彼此存在。分享著一樣的玩笑話、打情罵俏或只是手牽著手。維多利亞會在說話的時候，心不在焉地撫摸著貝克漢。她說：「我們總喜歡膩在一起。我們兩個人都非常地深情，而我跟其他的男朋友從來沒有過這樣的感覺。」這並非說說而已。不管是公開場合，或是私底下，很明顯地他們彼此相屬。每逢週年慶與生日的時候，貝克漢總有別出心裁的安排。兩千年的情人節，他一大早起床將住處裝滿了汽球、緞帶與維多利亞最愛的百合花。還有一次，他特別打電話給艾爾頓．強請教鋼琴事宜，因為他想買一台給維多利亞一個驚喜。

他會不計代價表達他的愛意。當維多利亞到洛杉磯出差時，冒著讓球隊經理生氣的風險，貝克漢飛過大半個地球只為了要跟維多利亞相聚兩天。光是為他自己、布魯克林、好友大衛．葛第納、葛第納的女友、維多利亞的妹妹露意絲，就花了將近兩萬英鎊的機票錢。他很清楚可能會讓球會責難，貝克漢與維多利亞坐不同的班機回國以避免不利的報導。這些柔情的舉動都在在表現出貝克漢最重視的是維多利亞。他自己也非常明白這種優先順序，就像他所說的：「我們的感情是我生命裡最重要的事情。」

另外有一次，貝克漢取得了經理的同意，從東京的一場足球聯賽中回國之後就離隊，只為了給新婚妻子一個驚喜。維多利亞應邀參加芭比的藝術舞會，贊助艾爾頓．強的愛滋病協會。貝克漢為了與維多利亞的粉紅色芭比裝相稱，特別請薩維爾．羅（Savile Row）裁縫師威廉．赫特為他裁剪了一套芭比男友——肯尼的服飾。為了趕上這個場合，裁縫花了一半的時間就做好服裝，並且安排快遞送到高夫歐克的住處給貝

克漢。飛機一落地，貝克漢飛奔回到高夫歐克維多利亞的娘家，快速地盥洗換裝，然後又飛車到倫敦市中心陪伴嬌妻。維多利亞說：「看到貝克漢眞好。」她那平淡的說話態度，顯露出貝克漢貼心且羅曼蒂克的驚喜現在已經變成了生活中的一部份。

不過他們的愛情經常爆發火花。他們的結合因爲個性與價値觀的差異而具有爆發性。她需求無度，他慷慨付出；她保留，他大方；他溫柔，她激進；他被動，她主動；他浪漫，她實際。夫妻一唱一和，她是主要負責生計的人，他是個家庭主夫；她是個事業女強人，他則照顧孩子。簡單地說，維多利亞是泰山，而貝克漢就代表了珍。

維多利亞吹噓貝克漢的性能力「上床如猛獸」，以及她相信世界上所有的女人都想染指貝克漢，事實上是因爲一直以來極度的不安全感作祟。一方面，不安全的心理造成了她對成功持續不懈的追求，另一方面，她直言不諱，自己充滿侵略性的行爲底下，其實是顆容易受傷的心。也因此無論貝克漢如何保證，甚至她自己不斷的對世界宣稱他們的愛情，她心裡還是忐忑不安。她相當清楚自己的情感脆弱容易受傷，光是看到其他的女人注視著貝克漢就足以讓她心裡波濤洶湧。她曾經承認：「我眞想當場給她們一個耳光。」她更因爲他們經常分隔兩地而容易打翻醋罈子，每次只要貝克漢離開曼徹斯特就讓她煩躁擔憂。

每當貝克漢和好友大衛．葛第納或是曼聯隊明星雷恩．吉格一起外出，維多利亞就特別地焦慮。她非常清楚這些人在外的名聲，所以非常擔心他們會帶壞了貝克漢。維多利亞曾經親身見識過這群好友對貝克漢的壞影響。一九九九年八月當辣妹合唱團在錄製專輯時，曾經與貝克漢、吉格、葛第納等一行人一同外出。當天晚上，貝克漢與好友們在著名的鐵達尼酒吧，以及後來另一家商業中心的夜總會猛灌龍舌蘭酒，最後讓攝影師捕捉到了貝克漢爛醉如泥的模樣。第二天早上，滿臉羞愧的貝克漢承認自己不小心遺失了鑲鑽的結婚戒指。維多利亞的憤怒自然不在話下。不只是因爲貝克漢將具有重大意義的結婚戒指弄丟，也因爲他的好友對他的壞影響，雖然說維多利亞自己跟辣妹們在一起的時候也好不到哪裡去——通常她們會喝義大利亞斯堤產的白葡萄酒，而且一下子就讓維多利亞醉倒。後來，一位飯店的清潔工找到了貝克漢的結婚戒指。不過，這沒有辦法改變維多利亞對貝克漢好友的成見。特別是因爲貝克漢自己也曾說過，他不喜歡其他年輕的足球巨星任性、酗酒的生活型態。

任何女人只要跟貝克漢多聊幾句都可能招來維多利亞的毒舌伺候，除非是同性戀——這讓她覺得很有趣。當他們待在曼徹斯特的時候情況更嚴重。有一次，他們在曼

徹斯特歐福中心逛街碰到兩個年輕女孩要貝克漢的簽名。當時抱著布魯克林的貝克漢就先將布魯克林放在嬰兒車上，好爲球迷簽名。當這兩個年輕女孩開心地逗布魯克林時，他卻放聲大哭。結果，維多利亞生氣地指責貝克漢是個壞爸爸，還憤怒地問他爲何要爲那兩個「爛女人」簽名。當場所有克林頓卡片商店的店員和逛街的人紛紛驚奇地看著他們針鋒相對，一邊走一邊互相叫罵著。

維多利亞過度的反應自然激怒了貝克漢，一個經常對老婆表達愛意的老公也忍不住捉狂。在認識維多利亞之前，這位足球明星曾經和茱利亞・基列利約會兩個月，她是英格蘭西北部的蘭開郡一位富豪建商的女兒。分手後，茱利・亞基列利開始與曼聯隊的另一位球員菲爾・納維爾約會，並且於一九九九年十二月結婚，並且安排了一場以顏色爲主題的婚禮。他們邀請所有的男士要佩戴紅色領帶上面帶有雙方名字縮寫P&J，所有的女士穿著曼聯隊紅色、白色以及黑色的組合的服飾。除了維多利亞之外，所有的人都遵照婚禮的規定。維多利亞下定決心要在婚禮上搶盡風頭，她穿了一件無肩帶低胸、咖啡色名家設計的禮服，開叉開到大腿上。就像一位評論家所說：「高貴辣妹搶盡新娘的風采。」她的行爲讓新人納維爾一家厭惡，尤其《OK!》雜誌已經支付了十萬英鎊要獨家刊出菲爾與茱利亞的婚禮，卻讓維多利亞的照片在雜誌上佔了許多篇幅。婚禮舉行的那一週，維多利亞在逛街的時候遺失了結婚戒指上鑽石。她發狂地到處尋找替代的鑽飾，害怕如果自己沒有戴著戒指會引起衆人的議論。爲了這場貝克漢前女友的婚禮，維多利亞相當緊張，所以當設宴在曼徹斯特米德飯店的婚禮筵席收到炸彈恐嚇時，對維多利亞可說是種解脫。這樣讓她可以在宣佈清場之前，和貝克漢與布魯克林離開現場。

雖然她的嫉妒心讓貝克漢招架不住，可是有時候，維多利亞的懷疑也並非全是空穴來風。當媒體揭發貝克漢於一九九八年秋天維多利亞在美國巡迴演唱時，秘密地與《第三頁》雜誌模特兒——北方女孩艾瑪．雷恩（Emma Ryan）約會，不難理解維多利亞有多憤怒。他們曾好幾次約會，晚上通宵通電話，貝克漢甚至送給她曼聯隊球賽的球票。小報捏造的託辭、輕浮的戀愛事件與喋喋不休的浪漫，使維多利亞對於北方女孩及貝克漢的一幫好友的疑慮成眞。貝克漢會有花心的機會就是因爲一位好友——流行服飾經理提姆．包伊的縱容，讓貝克漢認識了艾瑪，這對未婚夫妻因此短暫地停止交往。

貝克漢讓自己掉入尷尬的窘態。當他秘密地與《第三頁》雜誌模特兒約會時，維多利亞發現自己懷孕的事實更讓貝克漢糗大了。在公開場合，維多利亞說這件過失還

不至於給貝克漢「紅牌」。但是私底下，她非常慎重地考慮要判他下場。維多利亞想要取消婚禮的謠言到處蔓延。可以想見兩個家庭所面臨的爲難處境，婚禮即將舉行，而貝克漢偷腥行爲又被鉅細靡遺地刊登在媒體上。加上兩地相隔，讓他們之間的爭吵也跟著延長。原本可以在幾個小時內結束的口角，可能因爲其中一個人需要到外地工作而演變成好幾天。在這些情緒化的爭執中，維多利亞的母親總是扮演著和平大使，平撫雙方的怒氣。

嫉妒與不安全感其實並非維多利亞的專利。非常保護妻子的貝克漢也承認自己的火爆脾氣。在全英音樂獎典禮，辣妹合唱團獲得終生成就獎的時候，他就曾經與維多利亞的前男友馬克·伍德對質。貝克漢的控制慾也壓抑著想要發展演藝事業的維多利亞，她非常清楚，貝克漢絕不允許她有一私一毫裸露的鏡頭，不幸的是，到目前爲止似乎有許多製作人都希望她可以裸露上鏡。而如果維多利亞需要自行出席娛樂演藝活動，貝克漢都會限制她穿著不可過於暴露，他無法忍受別的男人對維多利亞眉目傳情。他們也曾經爲了維多利亞的服裝爭論。維多利亞認爲自己可以穿著任何自己喜歡的服飾，更何況貝克漢第一眼愛上的就是這一身迷人的服裝風格。貝克漢則認爲她已經結婚有小孩了，辣妹合唱團時期暴露的服飾與誘人的形象，實在不適合她現在的身分。就像維多利亞說的：「我喜歡穿短裙，可是貝克漢說我已經有小孩了不應該穿短裙。」

其實貝克漢絕對沒有擔心的理由。儘管舞步煽情穿著性感，維多利亞絕對是個傳統忠貞的女性。她非常看不起娛樂圈或是運動界內欺騙另一半的人。所以在一場名人午餐會中，當有一位知名的電視名人對她調情時讓她相當震驚，事後對這件事批評再三。除了因深情所引起的嫉妒，他們對服飾的品味也證實了他們個性極度相似。兩個人都具有表演性格，喜歡成爲衆人注目的焦點，也喜愛奉承諂媚與喝采。他們自戀的本性反應在公開的形象上，維多利亞從小時候就喜歡擺姿勢的炫耀，貝克漢從小就喜歡出風頭，與衆不同。「我以自己的外貌爲豪。」他說。即使是小時候，他就對自己的形象很有意見。有一次，他在婚禮上當花童，即使母親反對，他仍舊堅持選擇紫紅色的燈籠褲、白長襪以及芭蕾舞鞋。

貝克漢對造型打扮的重視在認識維多利亞之後益發明顯，並進一步使他被封上流行人物的符號，釘上同性戀的標誌。雖然維多利亞是塑造貝克漢形象的功臣，貝克漢自己本身戲劇化的直覺也是原因之一。帶了一點背叛古板的父親——泰德的叛逆味道，被稱爲「大衛隊長」的貝克漢會綁著沙龍或是染印的印度大手帕，讓泰德每次看

到媒體上的照片就會嘲笑他。對於泰德而言，足球才是他生命的全部，流行應該是女人才有的嗜好。據報導有次泰德告訴朋友：「看看他的樣子，這一點都不像是我所認識的大衛。」

從貝克漢第一次在音樂錄影帶上看到全身穿著黑色緊身衣的維多利亞，從維多利亞第一次在流行雜誌上看到曼聯隊的足球選手貝克漢，他們就像參加獵人冠軍賽一樣地努力追尋對方。一但捕捉到獵物，這兩個人在對方身上看到的是自己的倒影——虛榮與自戀完美地結合。隨著關係的增長，他們幾乎就成了相同的兩個人——相同的格調、相同的肢體語言，特別是同樣的服飾品味。

自從兩人精心設計的紫色服裝在婚禮亮過相後，情人裝就成了他們的標誌。出席古奇（Gucci）舞會他們穿著相同的皮衣；晚上在時髦的甜心沙洲餐廳用餐時，也穿一樣的牛仔衣；出席電影首映會則穿著相似的咖啡色服裝。兩人被擁立爲流行偶像，行爲帶有雌雄同體的特徵，這種特質也許可以解釋爲何他們在同性戀圈子裡受歡迎。不過，當貝克漢與維多利亞被視爲一體，成爲一種品牌，一種制度與一種生活方式，也會衍生出危險。如同婚姻專家露西．西雷克警告說：「如果兩個人太過於相似，總是黏在一起而不是被視爲個體，可能會有問題。他們互相依附，無法自己生存。」

如同眞正的皇室家庭，貝克漢與維多利亞的舉止行爲中有種「我們對抗世界」的特質，他們在大衆面前受傷時，會給予彼此後援。當貝克漢在世界盃中遭判下場，他便回到維多利亞得懷中取得安慰。維多利亞會告訴貝克漢他看起來很可愛，因爲貝克漢經常會對自己的穿著沒有信心。

還有，當有人批評貝克漢「遲鈍」，聲音空洞像個小男生的時候，也是維多利亞挺身而出爲貝克漢辯護。她總是義無反顧的護著貝克漢。當別人對老公的看法讓維多利亞心痛時，貝克漢卻是抱著不在乎的態度。他說：「當有人批評我遲鈍、聲音愚笨時，維多利亞比我還氣惱。我自己倒不在乎。」當有位同年的朋友自殺時，貝克漢極爲震驚。他們曾經是一起踢球的玩伴，當他離開到曼聯隊踢球時，還一直跟他保持聯絡。維多利亞知道那是貝克漢第一次參加好友的喪禮，她的表現令人稱許，像母親一樣地照料他捱過這種折磨。

貝克漢也對維多利亞表現出相同的愛護之情。在球賽之前，如果他知道維多利亞有出席觀賽，他會看著坐在觀衆席上的她，確保她的安全。只有確定了她的安全無恙，他才能夠上場比賽。最後一次辣妹合唱團巡迴演唱時，貝克漢每一晚都坐在前面幾排觀賞。即使知道前五排的觀衆會讓人造雪弄濕，演出幾天之後許多樂迷帶著傘以

免被雪淋濕，他還是堅持不帶傘。如果有任何不利於維多利亞的報導，貝克漢一定是第一個安慰她的人。出於本能地，他知道維多利亞脆弱的自尊心和不穩定的情緒，他不停地支撐她的自尊心，不停地讚美她。例如讚美她新專輯的歌曲。維多利亞相當需要貝克漢的支持，甚至於會因爲貝克漢沒有馬上在她第一次嘗走秀後打電話給她而生氣。爭吵很快就撫平，很快地又親吻又低語，這樣的事件突顯出維多利亞如何地依賴貝克漢的支持。

這件事也說明了兩個人之間有些重大的差異。貝克漢對自己很滿意，無憂無慮，是一位具有才幹的足球員，從事著自己的夢想事業。相對地，維多利亞常常會心神不寧，一會兒表現出無畏、堅韌不拔、主動的態度，但是又同時侷促不安、容易受傷且索求無度。

「才華」自然是問題的關鍵。貝克漢擁有堅實的才華，而維多利亞的名聲與財富則是因爲辛勤努力、堅毅不撓、慾望，還有佔很大比例的幸運。她曾說：「貝克漢因爲比較具有才華而受到尊重。」這項說法也反映出她相信自己是辣妹合唱團中歌唱技巧最差的成員，以及是外貌讓她出名而非才華。在壽命短暫的演藝事業中打滾，這樣的認知讓她不安。如同心理顧問保羅・福勒所說明的：「雖然她擁有許多掌聲與喝采，她卻覺得自己像是個大騙子，出名只爲出名故。所以當她和其他演藝圈的同儕在一起的時候，她可能會認爲自己非常失敗。名聲是種空洞的成就，儘管她努力地爲成功奮鬥，一旦得到了成功，卻又造成自己的侷促不安。」

流行世界的國王與王后兩人都是虛榮與自滿的，就如同其他的公衆人物，維多利亞對衆人目光的渴求，使她變得非常不安份。她口無遮攔言辭勁爆，非常擅於向媒體放話，將個人隱私搞上頭條。她大膽地揭露：「從一開始，我就經常在貝克漢面前掉眼淚，我們一直就像朋友一樣。」她對於身爲人母的枝微末節也相當直率——「我已經放棄餵母奶，」同時又解釋著「布魯克林胃口很好，所以我開始用奶瓶餵她。我的奶頭並沒有酸痛或怎樣，我只是要確定他有喝飽。」當她接受《GQ雜誌》採訪詢問她是否曾經享受過眞正的高潮時，她說：「是的，最近我對性生活相當滿意。如果兩個人想要廝守一輩子，性滿足是相當重要的。如果不滿意，很快就會另起爐灶了。」這還不是唯一大膽的言論。她熱切地告訴演藝事業作家多明尼克・莫罕：「我一定要再生一個，這是一定要的，但是我們兩個都那麼忙。不是說我們的性生活不美滿。」然後又有點自我保護地加上說明：「我們的性生活很棒，一直都是。」小說家莎瑪・沛拉強調：「維多利亞似乎認爲不斷的公開報導著他們的生活，可以爲他們的愛情提

供精神基礎。」

她對於私人生活的直率坦言和貝克漢的謹言慎行大相逕庭。這位年輕人接受訪問時總是謹慎小心，很少公開發言或是給予記者太多線索。當然，身爲世界足球巨星，貝克漢幾乎每天都上運動新聞頭條，維多利亞得多費點心思才能博取得同樣的關注。例如維多利亞在第四頻道《比格早餐》（The Big Breakfash）接受訪問時說她丈夫喜歡穿著她的T型迷你內褲，就是這種輕描淡寫的台詞，讓她登上小報消息的頭條。有趣的是，後來維多利亞自己又在接受《夜的標準》（Evering Standard）節目中接受卓伊．威廉斯的訪問時指出怎麼會有人相信這樣荒謬的事情，「我的意思是，他怎麼可能可以穿我的內褲呢？」

身爲一個追求完美的人，維多利亞從小就知道要達到顛峰就得更努力更勤奮。沒有多少天賦，她驚人的決心與對自己的信念讓她可以一直持續追求。她是一位天生受人尊敬的領導者，有時讓對手害怕。維多利亞經常說她自己是個「潑辣女人」，貝克漢則是隻「貓」。在一次蘇格蘭華麗別墅的攝影場合中，專拍名人的攝影師安妮．李伯威捕捉到維多利亞的強勢與貝克漢的溫順。維多利亞讓兩個人擺出相當扭捏的姿勢，像是一位莊園的女主人跟她的性奴隸。

在兩人的關係當中，維多利亞是具備生意頭腦，擁有決策權的一方。她負責組織策劃交易，讓他們兩個人的名聲持續不墜。天生主動與積極的企圖心，使她經常會因爲貝克漢閒散的樣子與和睦的個性而感到挫折。維多利亞的奔流不息的精力同時反應了她心底的焦慮、緊張，也表現在她的飲食習慣上。她常常需要公開爭論自己的體重。許多人都不願意相信，這個使貝克漢哭笑不得的女人事實上是個不安的女人。

他們第一個孩子布魯克林於一九九九年三月誕生。他的誕生讓貝克漢與維多利亞的人格更完整。這個小孩也變成了她生命中許多事件的對照物，儘管她還有許多因爲完美主義與童年所造成的問題，她的同伴稱她爲喜怒無常的產物不是沒有原因的。

# 第六章

# 名為布魯克林的橋樑

POSH & BECKS

那是一個氣氛愉快，適合拍照留念的日子，貝克漢這個有著全英國最迷人笑容的人，光著半身，緊握著獅子籠子的欄杆不放。當他用力地扔擲一塊一塊的紅肉給四處徘迴的獅子，他的兒子布魯克林帶著滿臉的崇拜看著他那充滿大男人氣概的父親滑稽的動作。在他們身後，貝克漢的岳母潔姬．亞當斯爲了家庭剪貼簿正在拍照。座落在柏克斯伯恩的天堂野生動物園，靠近亞當斯家族在赫福郡的家。動物園特別將獅子圍欄隔離，提供名人一家特別的私人時光。但是，貝克漢的心情卻一點也不輕鬆。因爲他就要和曼聯隊的隊友們前往義大利，參加歐洲盃對抗西班牙瓦倫西瓦隊的比賽，而他人卻不在曼徹斯特練球。貝克漢知道這是公然藐視球會的規定，他非常可能引起球隊經理佛格遜的憤怒。他的父母親，尤其是他的父親向來專心協助兒子的足球事業，並以犧牲自我贏得了佛格遜經理的尊敬，一定會非常憂心的地指責他沒有遵守球隊經理的規矩。

還有其他的原因會讓他的父母親掛心，或說是沮喪。泰德與珊卓拉非常溺愛他們的孫子，而且覺得他們沒有機會常常看到孫子。所以他們可能會認爲這樣一次星期天下午的出遊，讓他們又一次喪失了可以與正在學步的孫子相聚的時光。和岳父家人的出遊又再一次證實了維多利亞的家庭對他們兒子的影響，讓兩家已經緊繃的關係更加

緊張。自從結婚後，貝克漢的父母就不斷地擔心加諸在他身上的情緒壓力與體力負荷，因爲他必須在曼聯隊的足球生涯與維多利亞喜愛的演藝生活型態之間協調。儘管泰德曾經暗示過緊張的關係，他也嘗試著好言緩和這種分裂與不合。他曾說「我們當然會有不同，就像所有的人一樣。我喜歡足球，他們則愛音樂，但是我們兩家的關係還不錯。」在他們對亞當斯一家影響貝克漢球場表現的憂慮底下，潛藏的可能是憂心自己永遠無法與過著富裕生活的親家相比。私底下，泰德曾經跟朋友說過貝克漢的個性與價值觀似乎在改變，而且不全然是好的改變。

亞當斯家住在僻靜郊區獨棟的仿都鐸式大宅院，開著勞斯萊斯和保時捷。貝克漢家住在青福艾塞克斯（代表保守的勞工階層）小康的半聯屋裡。貝克漢的父親長時間工作，是個廚房技工。母親則是個兼職的美髮師。他之所以這樣辛苦工作，有部分原因是希望夫妻倆人可以到處看兒子打球，無論是國內或是國外的球賽。他們可能難免會覺得跟亞當斯家比起來相形見拙，在流行王國的國王與王后的世界裡，他們似乎變成了二等公民。雖然他們好像得到了一位媳婦，但是更像是失去了兒子。

兩家的分裂與不合在貝克漢與維多利亞那場奢侈華麗的婚禮上第一次顯露出來。雖然傳統上女方要負責策劃婚禮，貝克漢的父母親很自然地也想參與兒子的婚禮，但是他們卻只能當局外人。維多利亞和她的母親潔姬決定地點、決定花束、決定招待人以及餘興節目。像許多議論一樣，貝克漢家族的人覺得兩人的婚禮過於浪費，奢華的過了頭。貝克漢的叔叔未被列入來賓名單中，他說：「這種奢侈浪費的排場一點都不是我所認識的貝克漢。那也許是維多利亞的決定而不是貝克漢。」更傷人的也許是貝克漢在婚禮上所發表的感言花了許多時間讚美亞當斯家而不是自已的家人。這一點可以看出雙方家庭間敏感的關係。根據婚姻的禮節，貝克漢的行爲並沒有錯。但是對貝克漢家而言，相形見絀以及脫離主流的感覺可能再一次讓他們覺得遭到貶低。他們感覺從婚禮開始，不管眞實與否，就受到怠慢冷落，特別是維多利亞表現得最爲明顯。

一九九九年十月，貝克漢的妹妹——琳的婚禮在艾塞克斯洪恩教堂註冊辦公室舉行。每個人都期待布魯克林會出現，所以當貝克漢隻身出席的時候確實讓大家失望不已。維多利亞的缺席也說明了一些事。有個旁觀者就大聲叫嚷：「高貴辣妹在哪裡？」報紙評論家將她的缺席視爲家族不合的表示。辣妹合唱團的一位發言人說維多利亞整晚爲了布魯克林沒有睡覺，另一個發言人又說她在雪菲德錄音。新娘與貝克漢家人對於這些互相矛盾的說辭實在無法諒解。

就像許多家庭一樣，金錢是不合的另一個關鍵。如果爲了金錢爭論，維多利亞可

以提醒貝克漢，雖然他是上百萬的富翁，她的收入卻是他的三倍以上。在雙方爲家人揮霍的幾個場合中，財力的差距變得相當明顯。維多利亞與貝克漢送了一輛保時捷跑車慶祝安東尼‧亞當斯的五十三歲生日，泰德‧貝克漢的生日禮物是背面有貝克漢的名字曼聯隊的上衣。另外一次，維多利亞花了五十萬英鎊爲她的弟弟妹妹各買了一棟位於她娘家旁邊的房子。比較起來，貝克漢買給她的妹妹琳在艾塞克斯愛爾福的半聯屋就顯得非常樸素。送給琳的車是福特的Escort房車，送給露意絲‧亞當斯的是賓士A-class的昂貴房車，給維多利亞的弟弟則是新福斯的Golf GTI敞篷車。唯一的例外是他們送了泰德一輛綁了大紅蝴蝶結的賓士當作耶誕禮物。雖然貝克漢與維多利亞可以全權決定如何花費自己的錢，但是可以理解貝克漢家族會在這種不同待遇中會感覺受委屈。

金錢之外，布魯克林的誕生更加深了兩個家族之間的緊張關係。儘管雙方的家庭充分支持著他們，與他們的關係緊密，但卻是非常不同的兩個家庭。貝克漢家是個眞情流露、充滿愛意的家庭，非常保護貝克漢，也非常以成爲超級巨星的他爲傲，他們也同樣地寵愛他們的孫子。當維多利亞回憶第一次遇到貝克漢一家人的時候就說：「我最喜歡貝克漢的地方是他和家人非常親近。」如果有機會看到孫子，泰德會提早結束工作，只爲了想要多花一點時間與孫子相處。溺愛孫子的泰德喜歡跟著這個學步兒滿地翻滾，逗他發笑，跟他玩球。

當維多利亞與貝克漢爲了工作忙碌時，珊卓拉總是非常樂意照顧布魯克林。餵奶、玩遊戲、讀故事書，在公園散步時邊走邊和他說話。這對祖父母總是期待與孫子共享天倫。然而因爲貝克漢就住在高夫歐克亞當斯家附近，所以他們經常會因爲種種原因沒有機會看到孫子而感到失望。

儘管貝克漢的父母可能無法如願經常看到兒子與孫子，但是他們對於貝克漢作一個父親的行爲感到驕傲。貝克漢的行爲正反映出他自己是在一個充滿愛與照顧的環境下長大。貝克漢對兒子悉心照料、全心保護並公開表達他的鍾愛之情，種種作爲讓他被稱爲「新好男人」，新一代的模範父親。誠如心理學家安東尼．克萊教授所言，以模範人物而言，貝克漢比首相布萊爾還受歡迎。四十六歲的布萊爾已經是四個孩子的父親。他曾經說：「貝克漢是個更好的典範，因爲足球是個相當男性化的環境。他願意對新生兒付出許多心血的行爲，正好成爲許多想對孩子表達愛意的年輕男性最好的榜樣。如果小孩不是他重要的一部份，英格蘭的球迷就不會因此而嘲笑他。」

不管是公開場合或是私底下，貝克漢都是個溺愛小孩的父親，只要有時間就和小

孩子一起遊戲。就像貝克漢所說：「我好愛他，我願意爲他做任何事情。我推薦所有的男人都該做父親。如果我有不愉快的一天，或是壓力很大，最開心的就是回到家看到布魯克林。光是看到他就可以消除我所有的不愉快，忘掉所有的事情。」他喜歡餵奶，看他呼吸，見證他每一天的改變，甚至樂意換尿布。貝克漢在球季受訓時，會帶著兒子到位於開靈頓曼聯隊新的練習中心，讓還在學走路的布魯克林在球員休息室玩著玩具狗，寵愛他的球隊員工在一旁看顧。即使是正式球賽時，貝克漢還是掛念著小寶貝。半場之後，貝克漢會離開球隊老掉牙的聊天話題，緊抓住可以和兒子共處的幾分鐘。

等到布魯克林開始走路，貝克漢夫妻歡喜的錄下布魯克林的每一個動作，他現在可以和貝克漢踢迷你球，貝克漢等待著可以像其他做了父親的曼聯隊球員一樣與兒子享受一起踢球的樂趣。當維多利亞與貝克漢爲了布魯克林到每學期費用兩千三百三十五英鎊的石南山私立學前學校參觀時，校長哈利馬修牧師帶著他們四處參觀，貝克漢很尷尬地發現該學校只玩橄欖球。不過，有了這位足球超級巨星，一定可以讓學校開闢足球課程。

貝克漢的高爾夫球鞋上飾有布魯克林的名字，對兒子最公開的愛的宣言是肩膀上的守護天使，和脊椎底下一排「布魯克林」字樣的刺青。「布魯克林在下面，這樣看起來就像被守護天使看護著。」貝克漢後來說。這個刺青設計源自於貝克漢最愛的饒舌藝人「2Pac」的專輯封面，花了兩個小時才完成，讓這位足球明星痛得眼淚直流。根據貝克漢最初的草圖，研究了兩個星期的刺青師路易・莫力說：「貝克漢的確說很痛，但是他就是堅決要刺青。」刺青確實非常痛苦，貝克漢的朋友葛瑞納・菲爾就曾經想要刺青，最後因爲受不了皮肉之苦而放棄。

少了男子氣概，多了歡笑。每週一次，貝克漢總愛帶著布魯克林去湯伯樂（Tumbletots），一個學前兒童的遊樂場所。他跟著兒子和其他小孩的母親一起唱著童謠，看著兒子俯衝穿過籃框，或是在裝滿了球的池子裡玩耍。當貝克漢夫妻第一次抵達位於瑪雷福的古老共濟會會堂，當地湯伯樂的會館，母親們對於這對新皇室一族願意俯身低就地加入他們相當激動。事前，他們就被告知不可以拍照，或是索取簽名，而且要如同對待其他新成員一樣地對待他們。湯伯樂組織幹部馬丁羅森回憶說：「布魯克林非常討人喜歡，是一個非凡的小男生。」

布魯克林很快發展出陽光般活潑個性，非常喜歡和其他小孩一同玩耍，貝克漢夫妻決定讓他固定參加湯伯樂的活動。他不像別人是由母親陪伴，而是由貝克漢陪同前

往曼徹斯特布蘭荷的湯伯樂中心參加活動。剛開始，貝克漢覺得相當尷尬又不自然，因爲他是十多位家長中唯一的男性，加上他的明星地位總會讓其他母親目不轉睛的看著他。這一次，維多利亞並沒有忌妒，她說：「他總想盡可能地和兒子一起玩耍，那是我們的親子時間，我們珍惜每一分鐘。」貝克漢是如此沉醉於跟兒子相處的時間，每當他結束球賽或是外出晚歸他通常會喚醒布魯克林跟他玩耍，他非常珍惜他們相處的每分每秒。布魯克林看來總是跟父母如影隨行，在時髦的艾微餐廳裡用餐的人驚訝地發現，維多利亞從桌底下提出睡著的布魯克林。待在兒童床裡面的他經常跟著父母親度過長時間的公路或是飛航旅程。貝克漢夫妻就像所有典型的父母，每天擔心著兒子的安危，他們擁有最好的安全預防措施，他們的財富與名聲讓他們隨時可以租到噴射機，但是還是無法免除日常的煩憂與災難。現實的狀況讓他們變得更爲防禦，陰魂不散的狗仔隊、頻繁的綁票威脅都讓他們不得安寧。

這也表示，布魯克林童年的正常活動——在公園散步、一日遊、甚至是慶生會，往往無法如常進行，簡單的休閒活動也變得複雜。由於害怕被跟偷拍或跟監，維多利亞與兒子經常只能像囚犯一樣待在位於艾德里的公寓裡。他們與公寓裡其他的鄰居互不往來，很少到社區的草地或是在附近的公園逛逛，讓小男孩吸收新鮮空氣。這對夫妻對於跟蹤者的恐懼並非妄想。就曾有過一個精神錯亂的女性不斷地將情書與衣服等禮物寄到公寓給貝克漢。然後她會坐在公寓外附近的板凳上察看貝克漢的蹤影。有一次，她跑到正在等待車庫電動門開啓的車子前面，大聲喊著：「我愛你！我愛你！」即使警察也無法阻擋這樣的騷擾。就在警察約談過後幾天，她企圖進入公寓，不過沒有成功。最後警察強行以精神病條例扣押這名女子。除了這樣極端令人不安的案例之外，貝克漢夫妻還會經常收到令人不愉快的威脅信件。甚至還曾傳說有人剪斷貝克漢的法拉利跑車的煞車管線。謊言、事實與捏造的故事天衣無縫地串連在一起，讓許多嚴肅的評論者覺得難以發掘事實的眞相，特別是這個事件刊登在小報封面的時間，正是維多利亞發行個人單曲專輯的前一晚。而企圖綁架布魯克林的消息則是發布在貝克漢出庭之前，貝克漢最後在法庭上，以身爲名人所遭受到的「特別的情況」抗辯，結果撤消了扣銷駕照的刑罰。

基於死亡威脅與瘋狂跟蹤者的事實，不能否認貝克漢家的確面臨危險，必須實行相關的保全措施，但其結果像皇室一樣，他們的任何行動都需要事先週詳的計劃。對於超級名人而言，意外事故是引起傷亡不幸的頭號原因。所以在兩千年春天，當他們計劃要帶布魯克林到英格蘭西北部，赤郡的科納夫附近的觀光農場時，農場主人事先

就得到通知。貝克漢一家人在農場度過了愉快的幾個小時，全程有保全人員守候。喜愛狗的布魯克林被一隻超級大母豬吸引，而維多利亞則親熱地擁抱一隻剛出生的小羊。農場經理李察福納斯事後說：「他們人很親切，一點也不會冷漠，尤其是跟動物相處的時候。」農場的遊客都很高興當天可以索取到貝克漢的簽名，但是當他們爲了慶祝維多利亞二十六歲生日到卻斯特動物園時情況卻不一樣了。雖然他們要求私人的一日遊，卻有攝影師在他們閒逛的時候快速拍下他們的一舉一動。爲了保護貴賓隱私，動物管理人員因此將猴子與長頸鹿柵欄關閉，拒絕讓已經付費的遊客們觀賞，以提供名人貴賓一些私人的空間與時間。這引起了遊客與當地商業處很大的不滿。商業處幹事鮑伯．克勞帕克覺得貝克漢一家太過囂張，既享受名聲又抱怨媒體注意。

儘管貝克漢夫婦受到媒體的抨擊，跟布魯克林一歲生日的喧鬧比較起來，上述的動物園一日遊事件根本不算什麼。布魯克林一歲生日的場面集合了所有的媒體與一般大衆，讓維多利亞選擇慶生的科納思弗飯店有如動物園一般熱鬧。當天維多利亞將飯店變成了馬戲團，花費了一萬英鎊張羅了小丑、雜技演員、採高蹺、彩繪藝人等等，房間佈置得有如世界重要的政治高峰會議，僱用了退伍軍官作爲保全人員將整個場地徹底清查過以避免竊聽器和針孔攝影機，到場的貴賓包括了曼聯隊的球員與辣妹們。

一群人面孔冷漠的穿著灰色的套裝，站成一排阻止任何拍攝活動，甚至連切蛋糕都不讓外人拍照。

這次生日事件充分顯現出貝克漢與維多利亞對待他們的寶貝兒子布魯克林複雜而令人迷惑的態度。一方面保護，一方面張揚的自我矛盾。他們希望保護布魯克林的生命與隱私，在街上碰到攝影機就遮著他的頭，另一方面他們又用設計家服飾妝點他，將它當做獎牌一樣地誇耀，並且銷售家庭照片。就像潔姬一股腦兒地將維多利亞送到模特兒經紀公司，現在維多利亞也希望她兒子是個模特兒，出現在像《風尚》(Vogue)等流行話題雜誌封面。她還說：「布魯克林喜歡受到注目，他眞是個愛自我表現的小孩。」很明顯地，布魯克林是繼承了維多利亞的特質。作爲母親的維多利亞有種自我矛盾的特質——一方面她非常誇耀自己的兒子，另一方面她又極度保護他不受到任何傷害。

布魯克林的誕生不僅僅增加了貝克漢夫妻的生活樂趣，也喚醒了埋藏在貝克漢與維多利亞兩個人性格裡的矛盾。這讓維多利亞相當迷惑，他的誕生引發了個人心理的戰爭。從他出生之後，維多利亞面臨了種種情緒問題，包括她自己的家庭關係，特別是她與母親之間的關係與她自己果決高紀律的性格之間的衝突。這些都可以在她生產

之後嚴重消瘦看出來。許多人，包括心理學家都認爲她可能患有飲食失調的問題。

這點就值得我們一探她的童年，了解爲何她會有現在的行爲。亞當斯家人之間感情密切，但是他們刻意分開，他們的獨立讓他們之間的感情更親密。小時候，露意絲、維多利亞與克利斯只能待在家裡，無法到街上與其他小朋友遊戲。維多利亞只記得父親常常不在家，用餐時間一團亂以及自己在學校不受歡迎。當她的父親開著勞斯萊斯接送她上學時，更讓她無法得到認同。她的學校生活與家庭生活截然不同。「我在學校受的指責很多。我從來沒有在學校的任何科目上表現良好，但是我非常主動積極。我甚至沒有綽號，因爲根本沒有人要跟我說話。」當所有外人都成了讓她不快樂的敵人，不難看出爲何維多利亞會有今天「唯我獨尊」以及對於他人的看法冷漠以待的態度。她說：「我並不會特別在意自己是否受到喜愛。」

除此之外，還有其他的特質讓她成功。父母親身上堅強的意志與銳利的商業頭腦，讓他們從貧民窟搬到富有的郊區，這種個性也讓他們積極地望子成龍，望女成鳳。潔姬就曾經爲三個小孩在模特兒經紀公司登記，有一段時間露意絲甚至比她姊姊還要成功。就像所有與形象行業有關的人一樣，維多利亞自然地會比她同年紀的人注重外貌。身爲模特兒以及一位戲劇學校的學生，她夢想著要成爲舞蹈家或是歌唱家，這些都讓她更擔心自己的皮膚狀況，更不滿意自己的身材。同時，她對於自己的面貌頗有自知之明。如她所說的：「大部分的時間，我都很難看。我不是那種沒有打扮就會看起來美美的人。有人就是不上妝也很美，可是我就不行。」

當她與辣妹合唱團成名之後，外貌就相當重要。合唱團經理賽門・富勒非常小心地控制她那高傲標緻的模樣。對於一個喜歡掌控全局的女性而言，儘管她自己喜歡那樣的打扮，多少還是會跟經理的要求有所衝突。與所有的辣妹成員一樣，他對於自己的身材與飲食也無法完全控制。就像媚兒喜所說的，當她們決定解僱經理之後，讓她「如釋重負」，因爲她們再也不會因爲吃了什麼不該吃的而有罪惡感，她們重新找回了自我。她回憶說：「我之前是絕對禁酒的，而且不會吃任何不該吃的食物。現在我找回了自己的生活，可以輕鬆一點，偶爾喝點小酒。但是現在就會覺得說，那又怎樣？」

即使是在她成功的高峰期，維多利亞心裡的不快樂，使她只能在家裡感受到安全與穩定。即使在中學之後她離家去上戲劇學校，維多利亞自己坦承是個戀家的人。辣妹合唱團成功之後，巡迴演唱時總是會讓她患思鄉病，不斷地打電話給父母親以獲得安慰與意見。原因不難想見，安東尼對於女兒疼愛有加，只要在公開場合與維多利亞

一起的時候，狗仔隊的出現都會激怒他。雖然母親個性隨和，表面上看起來和父親一樣和藹可親，但是只要有任何可能傷害到她的子女的事情，就會讓她表現得像隻母獅一樣使盡全力保護幼獅。一但她覺得媒體的批評傷害到她的女兒，她就會毫不猶豫地對媒體抱怨。

現年二十六歲的維多利亞是個有趣的混合體，一面是充滿自信的超級明星，一面是尚未斷奶的小女孩。從上學之後，維多利亞與母親就像是互相依存的關係。一旦遠離了娘家，維多利亞就像是個迷途孤獨的小孩。所以捨棄了婚後在艾德里的房子，而在娘家附近的索布里沃購置了屋宅。而她常常回娘家，且住在從小就住的房間裡也具有某些象徵意義。現在證實了她任性的決定需付出昂貴的代價，貝克漢就因爲通勤距離太遠而影響到個人表現，被球隊經理罰鍰至少十萬英鎊。

她生活上的表現常常產生矛盾。維多利亞喜歡被呵護著，讓母親照料她的所有的需求，就像照顧嬰兒一樣，洗衣煮飯照顧到每一個細節。她的母親與妹妹露意絲都是她的工作助理，蒐集所有關於維多利亞的剪報，安排每天行程，整理帳目等等。助理工作都請專業人士來做，維多利亞卻只相信家人。就像她妹妹露意絲說的：「她只相信我。」維多利亞掌管了金錢，同時接觸到光芒耀眼的演藝世界，不難想像這樣的情況將如何改變家庭關係，母親與妹妹就像是伺候公主的隨從。她們非常習慣維多利亞多變的情緒，這一秒鐘親切，下一秒鐘就變得消沉暴躁。

她的這些生活上的行爲，卻和維多利亞喜歡將自己形容成獨立自主的年輕女性互相矛盾。維多利亞私底下是個缺乏自信、需要鼓勵的人。這點在照顧布魯克林上面充分顯露出來。在她懷孕期間，就其他新一代的明星，像是瑪丹娜、黛咪摩爾、媚兒碧一樣，非常驕傲升格作母親。不像一般的孕婦，她們還是穿著小一號的衣服，炫耀自己的大肚子，甚至像是黛咪摩爾大肚裸身上了雜誌封面。她們覺得大肚子不需要遮遮掩掩，反而可以漂亮地呈現在世人面前。

所以，貝克漢與維多利亞在懷孕後期開心地拍著照片。這位即將成爲媽媽的女子不停地談論有關她將要用怎樣的方式撫養小孩。她非常有自信地說她不需要保母，可以如何地用背巾帶著小嬰孩出入於錄音室，她堅持說要用務實的態度將小孩撫養長大。「一定要讓小孩睡在嬰兒床上面，一定要這樣劃定界限，雖然聽說有些小孩總是不睡覺……是這樣嗎？」維多利亞不斷熱切地用言語和行動證明自己完全控制了懷孕事件，完全掌控了自己的生命，而且對未來有十足把握。

就如同在她生命中的許多部分，實際發生的情況與說出來的話語總是會互相矛

盾。她預想著最理想的狀況，但是事實上卻有許多不確定性。她對布魯克林新誕生的生命有著樂觀的看法，就像所有第一次當母親的人一樣認爲小孩出生了就會自己生活。誠如露意絲・楊觀察到的：「第一次當媽媽的人都會有些天眞的想法，只看到美妙的時刻。她們不會注意到一把嬰兒放下來後，他們哭鬧的狀況。她們不會想到剛幫嬰兒換好衣服他就拉屎的狀況。等換好尿布嬰兒又餓了。餵飽了嬰孩，需要拍奶，拍了奶，孩子生病了，我預計她一定會猛然驚醒，而且可能一個晚上好幾次。」

無數個無法入睡、憂心忡忡的夜晚，維多利亞就像所有初爲人母的女性一樣，開始覺得現實跟想像有很大的出入，布魯克林剛剛出生的幾個月並不好帶。兩個月的時候，就因爲疝氣的問題需要開刀。這對夫妻承認那是他們經歷過最難捱的情況，擔心著兒子是否可以承受長時間開刀。之後，布魯克林完全康復了。但是又開始了許多嬰孩時期的病痛，而且由於經常搭乘噴射機跟著父母往來許多地方，他的耳朵特別容易受到感染。特別讓他父母擔心的是布魯克林非常容易吐奶。在貝克漢與維多利亞的婚禮上就因爲吐了貝克漢一身而聞名。維多利亞承認她是個「偏執狂」母親，總是擔心兒子的健康。在他還小的時候，她還會半夜到布魯克林的臥房，在他嘴巴前面放一面鏡子以確定他還在呼吸。

她生產前所吹噓的事情與產後所遇到的困難相矛盾，最後說不需要保母的話終究打翻。儘管她自己行程繁忙，維多利亞還是堅持要陪伴布魯克林走成長的每一步。「我知道很多人認爲我們應該請個保母，可是我就是要堅持自己做每一件事。也許有人會覺得好笑，但是我們就是要這樣。」事實是如果沒有丈夫與家人的支持協助，或是可以諮詢的朋友像媚兒碧跟維多利亞一樣是新手母親；育有三個小孩的吉兒・休斯——威爾斯足球經理馬克・休斯的太太，維多利亞是無法完成辣媽任務的。她是那種需要有人在生活細節上處處協助的人。對於自己的日常生活能力沒有信心，她傾向於依賴他人，因爲她對自己母親、婆婆、妹妹與丈夫的依賴，無可避免地引起相處時的緊張關係。她承認自己一點家事能力都沒有，不會用洗衣機也不會用炊具。如果嘗試洗衣服，結果就是昂貴的衣服縮水、染色或更糟。這段日子，貝克漢與維多利亞將所有的衣物都送乾洗店，可想而知帳單的數字相當高。

對於一個喜歡掌握全局的女人而言，維多利亞是個出名的「一團亂」。她自己也承認：「亂糟糟是我最惱人的習慣。」也因爲這個習慣，讓她與貝克漢之間產生摩擦。相比之下，獨立鎮靜的貝克漢常常扮演家庭主夫的角色，隨時可以照料布魯克林讓維多利亞睡懶覺。有一段時間，他們並沒有請人打掃房子，完全依賴貝克漢洗衣

服、燙衣服或是吸塵打掃公寓。他也會下廚，通常是些簡單的料理，像是義大利麵或是千層麵，而貝克漢不在家時，他媽媽就會來幫忙。如果不是有代理母親們幫忙維多利亞，她一定無法自己應付兒子，就像一個小女孩迷失在大人的世界裡。誠如評論家愛力森・皮爾森說明：「你注意到了嗎？我們每次都是看到貝克漢抱著布魯克林，而不是維多利亞。」這段話出現的時候，大家正在熱烈討論維多利亞的體重，以及她做母親碰到的困難。也有人說她似乎迷失了，不確定自己的定位和在生命裡的角色，四處想要找出生命的方向與意義。

她在年輕人心目中堅強的形象和心理上的焦慮形成強烈的對比。她大膽的宣言：「我想我可以稱得上是小孩子的模範。我不會每天晚上出外鬼混，也不會不停地換男人。如果他們最後還是辱罵我，我也不在乎。」她的這段話讓作家史都特・傑佛瑞（Stuart Jeffries）驚嚇不已，其中所包含的激動情緒和抑鬱粗魯的反抗，正是維多利亞的特徵。同樣是這個女人，不斷神經質地說明要教導自己的小孩合宜的禮貌行爲有多重要，她的表現應該不是很好的示範。不斷自相矛盾，在表面上目空一切的公衆態度及宣言可以幫助我們了解，在維多利亞堅強的外表下所藏的，其實是顆非常容易受傷的心。一九九九年冬天有關她體重問題的爭論透露了她的性格，同時也顯示名氣對這個不成熟的年輕女性產生了什麼影響。

一九九九年十二月當時艾爾頓・強為他的同志伴侶大衛・佛尼遜（David Furnish）的三十七歲生日辦了場慶祝的午餐會。維多利亞穿了一件無肩的紅色皮製迷你洋裝，很明顯地可以看出她身材的改變。當天天氣寒涼，其他的賓客諸如依莉莎白・赫利與海倫娜・波漢卡特都穿著合適冬天的服飾，而維多利亞這位身高一六七，體重四十五公斤左右的歌手似乎想要炫耀她突出的鎖骨與竹竿一樣的雙腿。英國大約有一千五百萬的女性有飲食失調的問題，政府甚至爲了這項問題公開討論傳媒，特別是女性雜誌如何造成女性容易對自己的身材不滿，高貴辣妹的身材改變就巧妙地觸動了這個議題。

幾星期之後，二〇〇〇年二月，高貴辣妹再一次積極的顯露身材。這次場景是在倫敦流行週，她的服裝尺寸是六號，一襲熱褲裝以及一套開叉到大腿的晚禮服。儘管一直說「非常緊張，緊張到無法言語」，她還是上台走秀。而且炫耀身材的意圖相當明顯，她跟設計這些服裝的設計師瑪麗亞（Maria Grachvogel）表示越露越好。「我們討論這些服裝設計，瑪麗亞會說『在膝蓋開叉好了』但是我總是說『不不不，開叉越高越好，到大腿吧。』」同一天《每日郵報》內容告訴讀者「如何瞬間減重十四

磅」，讓人驚訝的發現維多利亞的身材變化。在刺目的標題：「骷髏辣妹」底下，《每日郵報》熱烈的討論「骷髏辣妹是否應該成爲厭食青少女的偶像？」，又爲喜愛觀察明星體重的老百姓增添一樁新樂趣。維多利亞不是唯一把自己瘦成皮包骨的明星，其他的名人包括了著名的《六人行》當中的寇特妮・亞奎得以及珍妮佛・安妮斯頓、《艾莉的異想世界》克麗絲塔・福洛哈克（Calista Flockhart）以及演員伊莉莎白・赫利，這些水銀燈下的女明星紛紛將自己轉變成批評者口中的：「可笑的飢餓受害者。」

似乎所有想要登上明星寶座的人都有同樣的想法——控制身材就等同於控制自己的生活以及成名的程度。如同評論家華森（Shane Watson）說明的：「脆弱的人才會有脆弱、容易受傷的身體。現在要展現野心的人就會對身材表現出極度苛求的態度。」看到高貴辣妹加入了這些重視身材勝過才華的明星行列，實在是件遺憾的事情。有一次有人問起維多利亞何謂「辣妹勢力」，她當時的回答是：「我們的意思是：你不需要身材苗條高挑，不需要臉上完美無瑕，因爲我們並不是那樣的，我們是一般正常體型的女孩。」

總是對自己的外表相當在意的維多利亞，自然會對自己身材所引起的騷動感到傷心，不只是爲了她自己，也爲了她的母親。「我快要精神崩潰了，他們的意思就是說我媽媽沒有用正確的方式扶養我長大。這些言論的意思是說我一直有問題卻沒有人看出來，也沒有人提供我必要的幫助。我媽媽對這樣的報導實在感到痛心。」她爭辯的解釋說她自己的母親在生下他弟弟之後就瘦了四十二磅，說貝克漢非常喜歡她現在的身材，說她現在吃得很健康，而且看護布魯克林的工作相當繁重，讓她很忙碌。「說我患有精神性厭食症的人是不負責任的。爲了照顧兒子，我總是卯足勁在忙東忙西，一刻也不得閒。」身材事件剛開始報導的時候，維多利亞就這樣辯護著，還說她身爲年輕歌迷的偶像，具有影響力，就有責任不讓人想歪了。「我沒有精神性厭食症，我也沒有食慾過盛，也不是個骷髏。我的體重四十六公斤，非常合適而且我覺得很好。」這些反擊都刊載在《鏡報》的首頁上面。

母親潔姬也積極地對傳媒澄清。打電話給下午的電視秀節目，再三跟觀衆保證她的女兒非常健康。「維多利亞非常努力工作，同時又要照顧一個嬰兒，」她接著說，但是卻沒有說出事實上在維多利亞繁重的行程中，通常是她的父母組成的救火隊代替她照顧小孩。

維多利亞在公衆場合所說的話，與私底下的眞實情況有著很大的出入。隨後她表

示自己因爲相當憂慮，所以曾經去看過家庭醫師討論她的情況。醫師告訴她，她的體重過輕，以她的身高來說應該還要胖十四到二十一磅。「我很擔心，我真的去看了醫生，因爲我開始有偏執狂的症狀。」這段話是她在麥可・帕金森（Michael Parkinson）電視節目中的自白。實際上，她的家人也相當擔心她的身體狀況。據說貝克漢就曾因她的飲食習慣與她吵架。她的母親也要求她一定要去做全身的健康檢查。又一次，維多利亞聲稱自己的飲食正常的宣言一點也經不起檢驗。如果不深究，她的飲食可說是營養學家的夢想。維多利亞避免油膩的食物，而且對於食物與飲料都相當小心。每天早上無糖的糖漿鬆餅，午餐吃無脂的雞肉和青菜沙拉，晚餐則是無脂鮪魚、蝦或箭魚與清蒸的蔬菜。維多利亞從不吃巧克力或是其他甜食，但是她會猛吃無脂的馬鈴薯片，一天可以吃五包。

她的飲食事實上就是無脂、高纖維、低碳水化合物，而且維多利亞每天嚴格執行這樣的飲食計劃，她也很有紀律的運動。在她追求名聲的路上嚴苛地控制自己的飲食與運動。儘管她的菜單看起來很健康，但是實際上可能缺乏某些重要的營養素而造成情緒的起伏。精神病醫師葛倫・威爾森博士觀察到這樣半飢餓的狀態，腦內的化學血清素下降，會引起心理消沉，甚至自殺的狀況。這份食譜表現出維多利亞的心理狀態。對於苗條輕盈的維多利亞而言，外表很重要。對她來說，這不只是一份飲食食譜，這是她的力求完美計劃中的一部份。「我穿這樣看起來會不會胖？」這是維多利亞在試衣時永遠的疑問。要了解維多利亞，就要了解「掌控」。儘管她非常努力工作以控制環境，例如對媒體、她的形象或是她的事業。但是生命就像是難以駕馭的野獸，她所能夠控制的只有她的身材、外貌、體重或是體型。

在生產過後，維多利亞相當不滿意自己的體型。因此在父母親的鼓勵下，維多利亞於一九九九年九月在私立威靈頓醫院接受了美容手術。當時她是用化名，在夜裡住進醫院。手術完畢之後，隨即飛往艾爾頓．強在法國南部的別墅等待復原。

長期以來一直覺的自己的胸部不夠大，維多利亞在一次《流行之最》（Top of the Pops）電視訪談中承認使用矽膠填充物，後來又否認。她告訴麥可．帕金森：「我不會隆胸，如果我要隆胸，我一定會要更大的尺寸。」她的發言人態度則不是很確定，說他無法否認維多利亞曾經花費十萬英鎊改進她苗條的身材。評論家們再一次地嘲笑維多利亞的聲明：「我想上帝是不會將露骨的肩膀與大胸部放在同一個人身上的。」不管怎麼說，一九九九年到二〇〇〇年之間可說是讓維多利亞充滿創傷的一年。新婚、新手母親、新居落成等事件讓她疲於應付，更不用提在衆人的關注下尋找

新事業方向和形象時的巨大壓力。爲了適應新手母親的角色，這段時間讓她消瘦許多。

飲食失調症專家保羅・佛洛斯博士，同時也是諮詢心理醫師，相信維多利亞的行爲正符合許多明星患飲食失調的病因。佛洛斯博士以治療明星的飲食失調症出名。他觀察到這群人非常渴望大眾的認同，非常注重自己受歡迎的程度，他們極力要成爲聚光燈的目標，她們隱藏了心理深層的飢餓。他說：「他們全都表現出飲食失調的症狀。他們的飲食習慣既可怕又不健康。在減重的過程中，同時付出精神消沉的代價。畢竟有大多數的時間，這些人都在忍受飢餓，這種飢餓既是心理上的也是生理的。儘管許多人都因爲飲食失調而受苦，眞的要成功還是得靠決心、紀律與品質。維多利亞具備這些特色。」

許多患有飲食失調的人正巧也都是青少年，飲食失調症通常就是因爲避免衝突、不想離開父母與其他人的心理而引起的。簡單地說，飲食失調與成長，或說是不想要長大的心理有關。現年二十多歲的維多利亞，似乎化身成了彼得・潘，對自己沒有信心，還不準備離開父母的巢穴。布魯克林的誕生也許下意識地要求她要解決自己生命中的問題。如同佛洛斯博士所說明的：「維多利亞情緒反覆無常，又極度自戀。當她看到這個嬰兒就好像看到流行飾品。但是嬰兒需要全心照料，對維多利亞而言，這是她生命中的轉捩點，這讓她終於得面對自己的需求。作父母可說是一種角色的轉換。『那我呢？』她想要成為家中的小寶貝，她想要被照顧被呵護著。」同時，彼得．潘徵狀讓她的內心產生衝突，想要長大但是又害怕長大。博士說一個像維多利亞這樣症狀的女性，會藉由減重試圖驅逐自己身上女性母性的部分，飲食失調通常會引起月經中斷。

她一定得找到一個理由讓她自己相信，她目前的身材很棒而且突出。因此維多利亞才會到處在公衆聚會中顯露出自己的身材，不管是艾爾頓．強的午餐慶生會或是倫敦流行週的走秀活動。「飲食失調的人喜愛引人注目。」佛洛斯博士說明。也許過多的目光也提醒了維多利亞自己與她的家人。醫師的忠告，媒體的反對聲浪可能正好為維多利亞內心的情緒緊張解套。二〇〇〇年夏天，經過了一星期在法國南部的休假之後，維多利亞看起來神清氣爽，很有女人味，引起許多猜測說她可能已經懷了第二個小孩。這對於經常談論要再生三個小孩的她而言並不驚奇，「我們已經買了一棟很大的房子，我想要生一屋子的小孩，」她曾經這樣表示過。幾年過去，維多利亞已經了解到身為母親的眞實面貌，而布魯克林也成長的不錯，現在似乎又回到她最喜歡的狀

貝克漢夫妻參加球隊經理佛格遜的褒揚餐會遲到。他們並非故意怠慢，而是因為布魯克林不肯乖乖上床而延誤了出門的時間。

維多利亞帶著布魯克林一起外出逛街購物。

維多利亞用錄影機拍下二〇〇〇年五月六日老特拉維德球場勝利的一刻，當天曼聯隊獲頒英格蘭超級足球聯賽獎盃。

BECKH

二OOO年五月六日，當天曼聯隊獲頒英格蘭超級足球聯賽獎盃，維多利亞與布魯克林都穿著和貝克漢一樣的曼聯隊球衣，他們在球場上分享貝克漢與球隊的榮耀。

貝克漢的雙親－泰德與珊卓拉．貝克漢，他們一生支持貝克漢輝煌的足球事業。

亞當斯家族抵達在伯爵宮所舉辦的全英音樂獎會場。維多利亞的弟弟克里斯和他的女友露西：維多利亞的妹妹露意絲，以及父母潔姬和東尼。（從左至右）

一九九九年十月在艾塞克斯洪恩教堂，貝克漢參加他姊姊琳的婚禮。
照片中有新郎柯林・艾佛里、琳和最小的妹妹瓊安。

貝克漢獨自參加姊姊的婚禮。貝克漢的家人都很失望維多利亞與布魯克林沒有參加琳的婚禮。

貝克漢因為剃掉了一頭註冊商標的金髮而上頭條新聞，相片裡面合照的是他的好友大衛・葛第納。

貝克漢與隊友瑞恩・吉格斯和菲利普・內維爾等人，一同參加在曼徹斯特歌劇院所舉行的王子信託基金週年晚宴。

貝克漢所收集的跑車包括保時捷Carrera、積架XKR、亞斯頓馬丁(Aston Martin)以及賓士敞篷車。

貝克漢酷愛跑車，每一台跑車的車牌都有數字7與英文字母DVB(維貝克漢、維多利亞與布魯克林名字的縮寫)。

貝克漢的的賓士敞篷車。

貝克漢的收藏之一——亞斯頓馬丁(Aston Martin)。

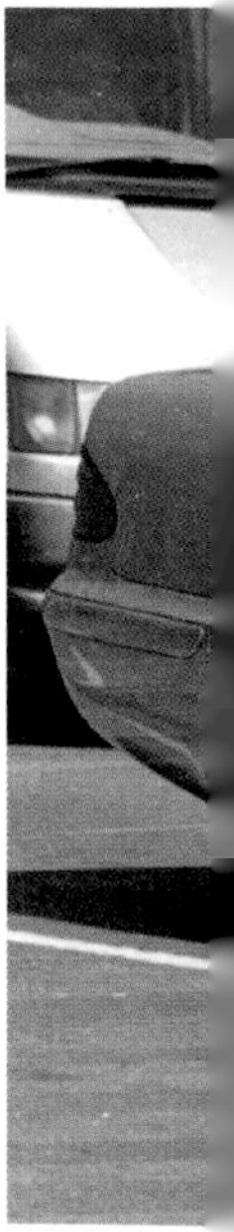

二OOO年一月，維多利亞與貝克漢出席泰森與法蘭西斯在曼徹斯特所舉行的拳擊賽，
當主持人熱情的介紹他們的光臨時，受到全場觀眾的噓聲與嘲弄。

一九九九年十二月九日，因為超速駕駛而聽審的貝克漢離開史塔克博(Stockport)治安法庭，隨行的有保鏢馬克尼伯特（MarkNiblett）〈左方〉以及曼聯隊的保安隊長尼德·凱利（Ned Kelly）。貝克漢被罰八百英鎊並吊銷駕照八個月，但貝克漢於一星期後即提出上訴，結果法官同情貝克漢而撤銷了禁令。

儘管產後的模樣明顯與以前不同〈上圖與下圖〉，維多利亞聲稱：「我沒有患厭食症，沒有食慾過盛，也不算骨瘦如柴。」

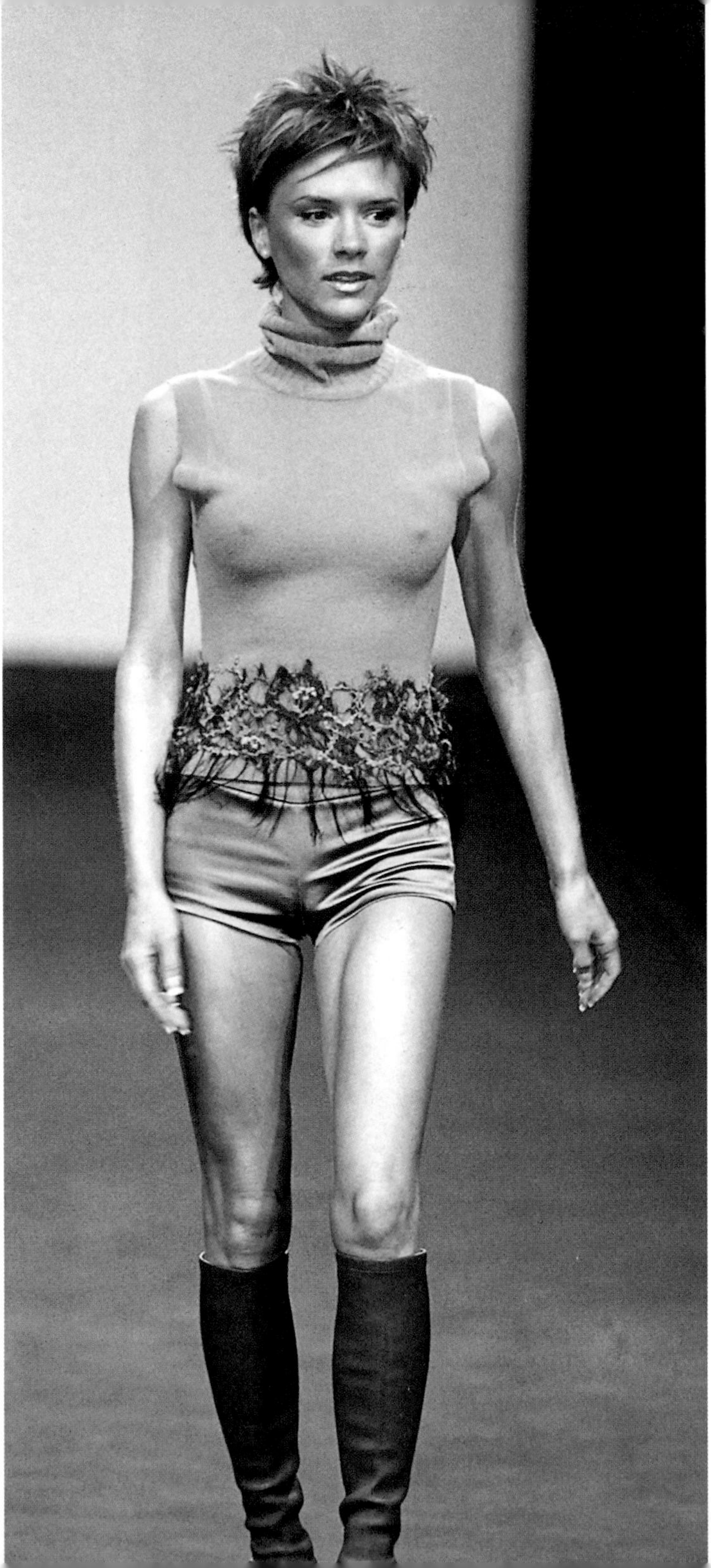

瘦弱的維多利亞
於二〇〇〇年二
月參加倫敦時裝
週的走秀活動。
她當時表示自
己：「緊張地說
不出話」。生產過
後輕盈的體態受
到媒體的注目，
懷疑她患了飲食
失調症的傳言蔓
延各處。

維多利亞不畏
批評，秀出她
苗條的體態。
(左、右圖)

AWARDS

一九九八年世界盃，英國隊對抗阿根廷隊，貝克漢因為在球場上受到阿根廷球員的挑釁，踢了球員西蒙而被判紅牌下場。

一九九九年十二月一場芭比娃娃藝術舞會，維多利亞穿著一襲粉紅色的芭比娃娃裝。站在艾爾頓・強與他的伴侶大衛・佛尼遜之間。當天，貝克漢穿著緊急訂作的芭比男友——肯尼的服裝，驚喜地出現在維多利亞面前。

四位辣妹成員在曼徹斯特體育館的耶誕演唱會，一出場就贏得滿堂采。

二OOO年七月，發行第一首個人單曲之前，維多利亞在一場海德公園公園音樂會的宴會上和丹．鮑伊、真實踏步舞團演出《Out of Your Mind》。有評論說她模仿別的熱門單曲。

二〇〇〇年三月在伯爵宮舉行的全英音樂獎，辣妹合唱團情緒激動的演出解散歌曲《Goodbye》，同時因為對流行樂壇的貢獻而獲頒終身成就獎項。維多利亞當天因一封恐嚇信而整天心神不寧。（左、右圖）

維多利亞繼續在米德斯伯（Middlesbrough）展開她的宣傳公演。

二〇〇〇年八月五日，在一連串緊鑼密鼓的個人單曲宣傳行程中，維多利亞在倫敦亞士多德所舉辦的同性戀活動中演唱。

MIND
4 AUG

貝克漢陪著維多利亞在英國宣傳她的第一首個人單曲，在歐得罕約有六千名崇拜者想要一睹這對明星夫妻的風采。結果，維多利亞的努力全都白費了，她的單曲在全英排行榜上輸給了史匹樂（Spiller）。（左、右圖）

在歐得罕六千名崇拜者爭睹巨星風采。

況——掌控所有的事情。

位於索布里沃新屋落成，讓她有機會獨立，不再依賴娘家，但是又與家裡距離很近，可以隨時得到娘家人的協助。第一次獨立的經驗相當淒慘。位於艾德里的閣樓公寓沒有家庭該有的舒適，據說她從來沒有花時間去認識社區裡的鄰居，如果有人對她打招呼，她根本視而不見，也從不參加社區的居民聚會。有位社區居民就說「他們似乎與眾不同，高人一等，而且也常常不在家。」社區鄰居對於仰慕者時常在大門徘迴相當不滿，而且仰慕者的書信常常塞在公共區域。他們所飼養的兩隻洛特威拿犬，帕菲與史奴比就住在社區車庫後面的臨時狗舍裡面，弄得環境一片髒亂，還好現在已經搬到新家去了。

二〇〇〇年的夏天情況最糟，一位名叫西柏（Cybil David-Brummell）的鄰居，據說是前任亞歷珊卓公主的助理，發起請願書聯名活動要他們搬離社區。她抱怨說因爲布魯克林的保姆不讓她使用公共花園，當時布魯克林正在公園裡玩耍，需要一個安全的環境。同時她也對維多利亞的言行相當感冒。有一次爲了停車位的問題起了爭執，「高貴辣妹實在是個很普通的人而已，你從她的談吐就可以看出來。」她這樣的評論似乎也有點舊貴族對於新貴族的嘲諷味道。因爲鄰居過於傲慢以及吵雜的訪客，貝克漢一家人決定搬出這個社區。所有爭吵的關鍵仍舊是控制權的問題。這位平民之后已經習慣予取予求，但是在這棟北方的居所，無法讓她享有完全的掌控權。

南方的新屋則以貝克漢與維多利亞爲中心，他們可以像莊園郡主一般得到所有的控制權。他們花費了兩百五十萬英鎊在這座擁有七間臥室的房子上面，就是爲了讓這座佔地二十四英畝的赫福郡莊園與外面隔離，不受到任何外界的干擾。不但有私人道路，他們還花了大約三十萬英鎊設置高科技保全系統，將這座莊園變成了無人能闖的堡壘。這裡就像幻想的夢土一樣，他們將會安全舒適的沉浸在美麗的幻想中。維多利亞可以成爲領地的女主人，控制所有房間的設計與裝潢——除了貝克漢展示獎盃的聖壇。

有一陣子，他們甚至認眞的考慮要將這棟宅院改名爲貝克漢宮。就像眞正的皇室貴族一樣，貝克漢不在乎媒體的嘲笑，但維多利亞可無法充耳不聞，最後接受了明智的建議而沒有改名。

即使身爲新皇族，他們離眞正的夢土仍很遙遠。

# 第七章

# 家庭事業兩相難

POSH & BECKS

時值涼爽的晚秋，一九九九到二〇〇〇年跨年球季的初期，克利夫以前的賽馬場現在變成了集訓場地，因爲曼聯隊好手的光臨而增色不少。貝克漢抵達參加集訓行程，超級盃球賽無疑讓這些隊員嚴陣以待。一九九九年十月第一個星期天在史丹福橋（Stamford Bridge）與敵手切爾西隊（Chelsea）的對決。不幸的是曼聯隊以五比零落敗，這次比賽是從一九九六年以來最慘的紀錄。下半場中途換下貝克漢，因爲大家都已經注意到他無力的表現。「貝克漢看起來怒而不語，風度很好但相當懊惱，因爲足球已經妨礙到他的社交生活。」《鏡報》如此報導。

繁忙的社交生活，以及每天緊張的行程可以說明爲什麼貝克漢在球場上對敵手隊伍表現出冷淡的態度。在每天集訓之後，通常他會沖個澡，然後從索福得克利夫開車回到花了三十萬英鎊，位置偏遠的艾德里的公寓。曼聯隊許多隊員像是史坦（Jaap Stam）約克（Dwight Yorke）以及高爾（Andy Cole）都住在赤郡城裡，只有貝克漢住在距離訓練中心遙遠的地方。通常貝克漢會在大家午餐聚會前離開，但是佛格遜經理相當注重隊員的午餐聚會，他認爲這是建立球隊團隊精神，聯繫感情的好時機，他鼓勵所有的隊員參加，但是貝克漢卻因爲要回家看老婆小孩而經常缺席。

回艾德里的路上，常可在麥當勞或是當地一家速食店看到貝克漢買晚餐的蹤跡。

貝克漢甚至有麥當勞的金卡，英國專業的球員應該遵從大陸球員的習慣吃豐富的餐飲，貝克漢卻是個吃速食上癮的人。有一次有人看到他在午夜時分在得來速購買了一大份餐點。他每天所吃的漢堡薯條、簡餐速食或是外帶食物會嚇壞積極的教練，例如阿森納隊（Arsenal）主教練溫格（Arsene Wenger），這位法國人以要求隊員放棄垃圾食品和啤酒聞名，他教導隊員如果想要讓足球事業長久一點，就必須注重身體健康。

雖然這一天貝克漢知道還有相當遙遠的距離，要通過高速公路塞車的車陣才能夠見到赫福郡的妻小。但是在這三小時的路程中，他有許多事情得好好思考一下。因爲違反了球會的規定，他剛剛拿到一張五萬英鎊的球會罰單，相當於兩個星期的薪水。

就在球隊已經準備出發前往奧地利參加一場對抗斯坦葛茲（Sturm Graz）的重要冠軍賽，貝克漢卻繫著高價的絲巾，出席設計師賈格（Jade Jagger）於倫敦流行週在倫敦中心區的廣場所舉辦的宴會。這件事情變成導火線，促使佛格遜經理決定懲罰貝克漢，因爲他居然在如此重要的時刻不顧球隊而去參加社交宴會。而他現在就在另一場重要的比賽之前，依然驅車往南遠離球隊，他知道自己正在跟命運作對，而且勢必會接到另一張罰單。

如果他希望到達赫福郡的時候，可以和老婆小孩度過一個輕鬆的夜晚，他將要失望了。維多利亞已經答應了進軍電視圈的寶貝辣妹，要參加由她主持的流行音樂頻道VH-1的第五屆週年慶祝活動。所以貝克漢得充當司機，將維多利亞送到倫敦東區的亞特蘭堤思藝廊酒吧。他的出現難免會招致攝影師的注意，他也相當清楚自己不可以再度上報，不久之前佛格遜經理才因爲相同的事件斥責過他。當維多利亞正在另一個貴賓酒吧狂歡暢飲，他則需要隱姓埋名度過幾小時。

我們不禁要懷疑貝克漢會不會覺得值得去做這些麻煩事。他可是英國最具才華的足球選手，他的球鞋在一場拍賣會上價值一萬三千八百英鎊，他的簽名運動服每件賣到七千五百英鎊。大家都知道他的仰慕者在他理髮的地方外面仔細地搜查垃圾桶，就爲了想要他的一綹頭髮。這樣的一位足球明星現在居然偷偷摸摸地在倫敦遊走，淪爲逃犯一般。幾個小時後，有人看到他回到宴會場合迎接維多利亞與她的朋友，並且一一將他們送回家。他根本沒有時間在第二天回到曼徹斯特參加集訓之前稍事休息。晚間睡眠被剝奪，以及來回三百七十哩的路途，對於專業運動員而言實在不是好事。更何況他瘦弱的肩上負載了曼聯隊隊友與上百萬英國球迷的期望與野心。

五萬英鎊罰單、來往赫福郡與訓練球場之間勞累的長途跋涉、一九九六年的慘

敗，這可以說是貝克漢最難熬的一週。貝克漢獲得《風尚》雜誌讀者票選爲年度最有型的男士，以及歐洲聯賽冠軍杯（Champion League）當中最具價值的球員——這兩座獎項也突顯了他的專業球員生涯與公眾形象之間的衝突。從曼徹斯特到高夫歐克或是倫敦之間的長途通勤，是累人的日常工作，無法穩定的生活型態反映出貝克漢生命中最重要的兩個人，他的妻子與球隊經理互相對立的要求。貝克漢所面對的心靈掙扎不僅是因爲這兩個固執的人，也代表了兩個不同世代與文化的衝突。

佛格遜生於戰爭時期的蘇格蘭西南部的港埠（Glasgow），他的自制力、紀律性與爭取勝利的意志讓他成爲同期中傑出的足球球隊經理。他一生支持工黨，他相當重視辛勤工作、忠誠與投入。事實上，在他的傳記《管理我的生命》裡面，他認爲貝克漢最可貴的地方在於勤奮：「貝克漢之所以成爲英國最出色的足球選手不是因爲天賦，而是因爲他不間斷的練習，這是大部分沒有才華的球員無法想像的。」對於佛格遜而言，足球是唯一重要的事情，他無法容許干擾，特別是飲酒狂歡。如果有任何球員膽敢測驗他的耐心或是反抗他嚴格的規定，下場一定悲慘。正如球隊裡許多偶像已經受到教訓，一旦違反規則就會遭到轉換球隊的下場。有人傳說他將飲料砸到不聽話的球員身上，據他自己承認這些故事一點也不誇張。但是貝克漢表示：「曼聯隊的每一位球員都相當敬畏他，不是因爲害怕他的嚴格，而是尊重他的價值觀以及他所爲我們做的每一件事情。」即使是認識維多利亞之前，貝克漢和其他球員一樣都曾經忍受過佛格遜近距離言詞上的猛烈抨擊。

不過最近幾年以來，因爲球員的力量增長〈特別是因爲**Bosman** 規定如果球員未能獲得理想中待遇豐厚的合約，可以讓沒有合約的球員自由轉換球會。〉，以及經紀公司和顧問的影響力，還有持續增加的球員贊助廠商都迫使佛格遜修正其魔鬼訓練的方式。如同佛格遜的傳記作家，同時也是運動作家哈里斯（Harry Harris）說：「像佛格遜一樣的人已經相當罕見，過去一向用高壓來管理男人。佛格遜是個獨裁自大的經理，過去幾年已經減少了他的權力。他要求球員要具備高度健康與投入，而且以他專業的經驗，他相當清楚如果整晚狂歡一定會讓球員很快走下坡。」

於佛格遜而言，在以男性掛帥的專業足球界中，球員的妻子所扮演的角色相當簡單：她們只要確保家庭生活平靜且井然有序，讓球員可以在球場上有好表現。但是貝克漢的情況是有個富豪老婆，這個足球員的妻子不但名氣較大也相當富有；她是一位具有權勢、野心的女性，她習慣了成功的外在、流行超級巨星的亮麗生活型態。維多利亞象徵了一九八○年代自我中心的一代，加上了柴契爾時期自我中心的求知慾。她

非常了解對自己最好的選擇以及自我的權利。她是一個現代女性，一點也不害怕男性；她是一位流行代表人士，爲了自己也爲了她的丈夫，她決心要更成功。但是同時她卻完全不在乎也沒有注意到足球世界的忠誠與熱情，無論是她丈夫、球隊經理或是他們的仰慕者。她對運動的漠不關心可以用她自己的言詞摘要說明。在二〇〇〇年五月，貝克漢爲曼聯隊第五十次射門成功得分，維多利亞天眞地以爲那是貝克漢在那一季第五十個射門成功，這樣的大錯誤卻讓貝克漢更加鍾愛她。

從一九九七年球隊前往德國參加歐洲盃準決賽對抗Borussia Dormund的長途公車路途上，佛格遜經理要貝克漢停止不斷地與維多利亞的手機聊天之後，雙方的衝突就一直存在。對於佛格遜而言，從十二年前來到曼徹斯特參加青年隊，在他小心地呵護下成長具有大好前途的貝克漢現在的改變讓他覺得悲哀。佛格遜說：「當年熱愛足球的年輕小伙子已經不在，現在是個喜歡獨處的人，沒有幾個人可以看透他的內心想法。」

貝克漢的自信來自於他父母永遠的支持。特別是他的父親非常支持他，雖然有人認爲貝克漢是他父親完成足球夢的工具。他的父親是一個熱心的業餘足球員，在年輕的時候跟他的兒子分享著對於足球的熱情，耐心的教他技巧，同時將這個北方倫敦小伙子獻身給曼聯隊。十六歲的時候，貝克漢選擇與曼聯隊簽約成爲學徒，離開家庭與朋友加入前途似錦的足球界。儘管他搬到曼徹斯特居住，他還是一樣與父母十分親密，儘管他的父母距離幾千哩路，他們還是非常支持兒子與他的夢想。從相片中可以看出這個年輕小伙子的快樂與熱誠。變得粗暴無禮、無情而充滿敵意都是後來的事。

當貝克漢適應了嚴格的老特拉福德的（Old Trafford）制度之後，難免會有人拿他跟傳奇人物喬治・貝斯特（George Best）比較，因爲他們同樣具備傑出的足球天賦與迷人的個人風采。

爲了讓貝克漢保持務實的態度，佛格遜聰明的將他出借給普雷斯敦（Third Division Preston North End）就連貝克漢自己也承認，這四週的出借無可計量地促進他的球技：「我需要一點點提昇，需要鼓勵，而普雷斯敦（Preston）讓我有機會受到提昇與鼓勵。」他應該也了解他的足球生涯與光輝的未來，都起因於佛格遜一時的念頭。身爲第一隊正式球員不到五年的時間，貝克漢就成爲英國足球歷史上最成功的球員。他曾經獲得四次英格蘭超級足球聯賽冠軍（Premier League titles）兩次足球協會盃，與一次歐洲聯賽冠軍杯（Champions League）勝利。他獲得一九九七年PFA

足球協會年度年輕球員，一九九九年獲得國際足球聯盟FIFA年度最佳足球員第二名。同時身爲英國隊的正式隊員，他最近又獲得國家隊隊長的殊榮。

然而伴隨著成功而來的尖酸刻薄，只有失寵的偶像可以眞正了解，在貝克漢的足球生涯中，可以說嚐盡了各種滋味。他身爲曼聯隊隊員所承受的嘲笑和辱罵，跟高貴辣妹交往之後所經歷的種種比較起來，根本不算什麼。有關高貴辣妹喜愛的性交位置等蜚短流長經常發生。有時候，球迷不間斷的敵對態度的確會讓他魯莽行事並口出穢言；但大部分的時間只會讓他在球場上表現更好。一九九八年六月的世界盃足球賽的瘋狂舉動，讓貝克漢從此變成憎恨與嘲弄的對象。集結球隊的時候，大家都相當看好貝克漢，但是出乎意料的是英國隊教練葛倫·賀道居然將貝克漢除名，他解釋說他認爲這位主控球員「不夠專注」，無法在開幕賽上對抗突尼西亞隊。因爲貝克漢的明星生活型態使他變得喜怒無常，這讓教練再三考量將他從正式比賽的球員名單中除名。

自從貝克漢開始與維多利亞約會之後，球會經理佛格遜也相當擔心這位明星選手。讓戀愛沖昏頭的貝克漢經常從曼徹斯特飛往愛爾蘭會見維多利亞，因爲當時她正爲了稅務問題待在愛爾蘭。當然這一點也不符合佛格遜經理所謂的健康與專注。不過，當賀道教練強迫這位年輕人面對媒體記者會討論有關將他除名的決定時，佛格遜經理並不同意賀道的做法。貝克漢運用了他所知道最有效的方式——在球場上的傑出表現，來回應大衆的批評聲浪。第二場比賽，對抗羅馬尼亞隊，他以候補球員的身分上場代替受傷的保羅・應斯（Paul Ince），並聯合隊友讓歐文（Michael Owen）成功射門。儘管他相當努力，羅馬尼亞仍然以二比一打敗英國隊。不過，對抗哥倫比亞隊時情況大逆轉。因爲一記漂亮的罰球，貝克漢讓英國隊以二比零領先到終場。

不到幾天的時間，他光榮的戰果馬上轉變成災難。在對抗阿根廷隊的時候，貝克漢被判下場，成爲有史以來第二位在世界盃比賽被判下場的英國隊球員。當時的比賽英國隊佔上風，阿根廷的中場球員西蒙（Simeone）切球導致貝克漢跌倒在地。當貝克漢倒臥時，西蒙彎下身子抓了一把貝克漢的頭髮。此一舉動讓貝克漢直接用腳將他踢開，這一項魯莽的舉動讓丹麥籍的裁判員尼爾森（Kim Nielsen）打出紅牌。英國隊十人對十一人比賽，終究不敵阿根廷而落敗下場，大家普遍認爲貝克漢在球場上的瘋狂舉動，要爲這次的落敗負起全部的責任。球會經理說，這次的落敗比犯下殺人案更傷害貝克漢的聲譽。球迷不管賀道教練的說法，依然認爲貝克漢要爲了英國隊提前敗出世界盃足球賽負起全部責任，讓貝克漢成了代罪羔羊。一座貝克漢的肖像懸掛在酒吧前面燃燒，西漢姆聯隊球迷計劃在下一次與曼聯隊對抗的時候，展現混亂的紅牌

陣。全國的足球專業權威則花了一天分析貝克漢的弱點。當貝克漢從老特拉福德球場受訓回家的路上，需要警察護航才得以離開。這樣的經驗像是烙印一樣地烙在貝克漢的靈魂裡，令他永誌難忘。失敗殘酷無情的追逐貝克漢，情況非常惡劣。但是貝克漢從維多利亞身上又獲得力量。當時他飛到紐約與正在跟辣妹合唱團巡迴演出的維多利亞會合。他說：「我只是希望自己很有尊嚴地處理這件事情，這讓我成熟很多。」他承認要在大眾面前討論心底的感覺是很困難的。

經過毀譽參半的另一個球季，貝克漢與球迷之間又愛又恨的關係於兩千年在北京所舉辦的歐洲盃比賽達到高峰。經過與葡萄牙的賽事，他對英國隊球迷舉出中指的動作，因爲這些球迷毀謗他的家人——叫罵著說他的老婆是個妓女，並希望他的兒子布魯克林得癌症死掉。工黨上院議員哈特斯里爵士（Lord Hattersley）批評說貝克漢是個「國家的債務」，表現的一點也不像成熟的成年人，沒有辦法控制自己的情緒。不過也有許多輿論以及球迷同情他的困境。就如同前任英國隊教練奇更所說的：「這跟足球一點關係都沒有。有時候事情就是發生了，我們必須忍受。但是有時還是會超過忍受極限，事情便越演越烈。」

奇更教練顯然無法爲球迷的行爲找到任何解釋，不過記者伯雀兒（Julie Burchill）

將這次的事件歸因於球迷的忌妒心。「貝克漢不是個神經過敏沉迷於事業的賺錢機器，而是一個對於優先順序相當清楚的年輕人。是一個眞正的男人。並不是因爲在足球賽事上面落敗，讓許多比不上他的人集結起來痛恨他。」許多人並不認同這樣的觀點，他們認爲球迷之所以討厭貝克漢是因爲他讓他的老婆干擾到他的事業，因而削弱了他的才華。也許正是因爲他無法解決生活上的優先順序，才讓自己在球場與生活上都面臨許多問題。

觀察家已經注意到加諸在貝克漢身上的壓力，這些壓力已經造成在一九九九年到兩千年之間賽程當中貝克漢在球場上脾氣暴躁的表現。在斯坦葛茲（Sturm Graz）的球賽期間，貝克漢幸運地沒有被送下場。兩千年一月在巴西的世界盃冠軍賽當中，因爲惡意挑戰讓他拿了一張紅牌。在安菲爾德球場（Anfield）發生了貝克漢與利物浦隊長踩腳事件。也有人說他在艾倫路上對群衆出示中指，因爲利茲聯隊支持者用他老婆的事情逗弄他。這些種種都讓足球總會裡處理客訴的人員，葛拉翰・比恩（Graham Bean）想要會見貝克漢，談一談有關於他個人的紀律問題。貝克漢心裡有許多掛慮，他非常擔心老婆與小孩：「我無時無刻都掛念著兒子與維多利亞。」他擔心的不只是他們的健康，更是他們的安危。死亡威脅、辱罵的信件以及保全考量自然

都在這位年輕人心裡，這也讓他與親朋好友的關係更緊密。

許多次近距離與裁判員發生衝突，影響了他的專業。不但在球場上，在日常生活中也開始有人發現貝克漢行爲舉止的改變。戒備的眼神，小心翼翼的態度，戒慎恐懼的防著隨處埋伏的狗仔隊。從前開心的笑容如今已經被怒氣所扭曲。如果在路上碰到追蹤他的記者會讓他車速加快；對於抨擊他的人，更會讓他怒不可抑。甚至索取簽名照片的人也見識過他的暴躁脾氣。通常，貝克漢度對球迷都相當體貼，他自己曾經說：「我不喜歡沒禮貌，這就是爲什麼我從來不會拒絕爲球迷簽名照片。」但是有些努力不懈的追星族卻遭到不理會的待遇。有一次一位利物浦的年輕小伙子跟貝克漢索取簽名照片，卻遭受到洪流一般的辱罵。這位年輕小伙子說：「他很不客氣且動作粗魯，我是不會再跟他索取簽名照了。貝克漢與維多利亞的高傲態度讓許多人都受不了。」

從貝克漢青少年時期加入球隊時就開始拍他照片的攝影師們，現在也成了辱罵的對象。當一位攝影師照下貝克漢從曼徹斯特城中心的兒童商店離開的時候，貝克漢的反應激烈。他跑過馬路威脅該名攝影師如果他再拍一張就要刺死他。貝克漢自然不是第一個與攝影師發生衝突的明星人物。這已經成了娛樂圈的一部份。就像喜劇演員弗來德・艾倫觀察說：「明星就是努力地要成爲知名人物，一但出名了又開始帶上墨鏡，深怕被認出來。」

其實，貝克漢的不安還有其他原因。他的怒氣表現出內心緊繃，這些情緒正在啃食他對足球的熱愛，同時也暗中破壞他的才華。爲了所有的獎章錦標，所有的奉承與喝采，貝克漢過著不安定的生活，長距離通勤、居無定所，常常需要旅行。他的世界已經改變了軌道，貝克漢的父母經常會擔心他改變重心，而影響到職業足球生涯。幾年以來，貝克漢的父母已經跟佛格遜經理之間建立了互相尊重的友誼關係。他們感謝佛格遜給予貝克漢的機會，他們了解佛格遜對於忠誠與紀律的堅定立場。當他們看到貝克漢開始進入演藝圈變成一位明星，那種浮華的生活型態難免會讓人擔心。特別是他又娶了一個對足球完全沒有興趣的妻子。貝克漢自己也說：「足球不再是我生命中唯一重要的事情。自從有了維多利亞與布魯克林之後，以前我覺得重要的事情已經不再那麼重要了。」

貝克漢的父母不是唯一擔心的人。維多利亞對於這位足球國寶所產生的影響已經引起全國的爭辯。曾有傳言指出維多利亞討厭曼徹斯特，希望貝克漢離開老特拉福德而轉去參加南部的球會或是歐洲的球會。維多利亞與佛格遜經理的關係也不好。儘管

她對足球沒有興趣是公開的事實，但是她否認這些說法，說這些言談是「傷害人而且不公平」。「我知道在曼聯隊打球對於貝克漢相當重要，所以我絕不會讓他難爲。」維多利亞強調她很高興住在曼徹斯特。當時，觀察家認爲她的言談是外交辭令。如同哈利・哈里斯說：「背地裡，維多利亞希望住在倫敦。事實上，儘管她說的很圓滑，她還是不喜歡曼徹斯特。」

在《永遠的辣妹》一書裡面，維多利亞曾經認爲早些時候她與貝克漢之間的緊張關係就是因爲貝克漢希望待在曼聯隊。「我們在電話上有些小爭執，因爲他跟曼聯隊續約。我有一點失望，因爲我很希望他可以跟倫敦球會簽約。」最近，維多利亞勉強承認，「如果我說我們會一直待在這裡，那就是在說謊。足球選手在某些階段會出國，所以我認爲我們也會如此。」

維多利亞總是想盡辦法讓貝克漢可以長時間跟她與她娘家家人待在南部。經理不同意讓貝克漢搭乘直昇機往返，因爲太危險。他也拒絕使用露營車讓私家司機開車的計劃。雖然史坦斯提（Stansted）機場距離高夫歐克只有半小時的車程，他也不願意搭飛機。

事業與家庭生活的衝突在一九九九年耶誕節特別明顯。這對夫妻因爲維多利亞想要回娘家過耶誕節，但耶誕節次日貝克漢在家鄉有一場相當重要的錦標賽，要出賽布瑞德福（Bradford City），爭吵持續了好幾天，結果就像往常一樣，維多利亞勝利。所以在耶誕節前夕，當維多利亞出現在電視節目上的時候，貝克漢於訓練後開車前往高夫歐克，他待在維多利亞的娘家過耶誕節，當天晚上則驅車前往北方，準備參加幾個小時後的球賽。貝克漢得承受所有的艱難考驗。每天早晚在高速公路上奔波，來回奔波於參加球隊訓練、比賽和在家享受天倫之樂的短暫時光之間。這樣的生活型態想必也會讓佛格遜驚訝。佛格遜在他的傳記裡面曾經提到他跟貝克漢談到搭機飛往愛爾蘭會維多利亞的次數太多。「我必須對他強調他需要負起對自己的事業與球隊隊友的責任。幸運的是，現在他們結婚了，一家人住在赤郡，貝克漢又可以恢復以球隊為主的生活型態。」

事實上，貝克漢還是繼續長途奔波通勤。這位足球明星經常是在清晨離開維多利亞的娘家，出發回到曼徹斯特。而且這樣的狀況可能會一直持續下去，因為這對夫妻已經決定在赫福郡購置一棟豪宅。這棟位於索布里沃，距離維多利亞娘家大約十七哩的豪華莊園，維多利亞可以隨時回娘家，不過也讓貝克漢未來必須繼續勞累的通勤行程。貝克漢自己否認他經常奔波於倫敦與曼徹斯特之間。「如果我每天需要六點起床

從倫敦回到曼徹斯特，我想這樣的壓力一定會顯現出來。」問題不只是在通勤距離或是維多利亞的忌妒心，也不是維多利亞與娘家之間的緊密關係，問題在於維多利亞尖銳的商業態度已經開始影響貝克漢。毫無疑問的，維多利亞認爲以貝克漢的才華，身爲球隊的資產，他應該得到特殊的待遇。這和佛格遜所秉持的理念大相逕庭。佛格遜認爲球員應該具備對球隊忠貞不二的態度，有團隊精神有紀律性。世界已經不一樣了，貝克漢的顧問爲他爭取曼聯隊商品的股權，因爲他的名字大量印刷在這些商品上面才讓球隊輕鬆賺取金錢。

儘管維多利亞遭到許多批評，但是她具有精明的頭腦，以及獨到的商業眼光，她試圖爲貝克漢的事業著想。她很清楚他們現有的名聲稍縱即逝，他們只剩下幾年可以利用。她認爲金錢比忠誠來的重要多了，所以把運動當成生意經營。跟從前的明星不相同的地方，現在像維多利亞一樣的新一代的明星知道要掌握生活的每一個層面。

當曼聯隊隊長羅伊・基恩獲得週薪高達五萬兩千英鎊的薪合約的時候，維多利亞更是苦惱，立刻煽動貝克漢要求加薪。並且公開地在廣播訪問當中表達她的想法。對維多利亞而言，足球是一項商品，她相信貝克漢應該全力地運用這項籌碼。如果有必要出國參加其他球隊就出國去。毫無疑問，維多利亞已經計算過來往米蘭與英國機場之間的距離，跟倫敦與曼徹斯特之間的車程相差不多。先前義大利AC米蘭隊布魯斯卡尼（Silvio Berlusconi）就曾經表示貝克漢在他高價購買的名單當中，並具有五千萬英鎊的價值。

再過幾年，佛格遜經理即將退休，貝克漢的合約也將要到期，屆時離開曼聯隊的可能不只這位史上最有名的球隊經理，其他明星球員及貝克漢也可能掛冠求去。除非事情底定，不然維多利亞與佛格遜之間的關係依舊緊張。她精明的商業頭腦和對家庭的需求，她不情願向球隊經理與足球球會屈服的態度，都將繼續讓貝克漢生活在衝突之中。

第一次讓維多利亞覺得佛格遜對貝克漢的要求不合理不公平可能是在一九九九年七月，當他們去度蜜月的期間。儘管這對新人苦苦請求，球隊命令貝克漢回到球隊接受訓練，強迫他們放棄印度洋的十日遊。無法到遙遠的沙漠島嶼上渡假，這對新人改到法國南部度蜜月，好讓貝克漢可以在新的一季開始時加入球隊訓練。回到球隊時，貝克漢發現自己的上場時間減少。如果這是佛格遜要讓貝克漢從華麗奢侈的婚禮回復到現實的方法，維多利亞一點也不會感激他。兩人原本就冰冷的關係，更在貝克漢因為倫敦流行週事件收到五萬英鎊罰單之後降到冰點。佛格遜說：「每個人都知道我和

貝克漢的意見一直不同。演藝事業在他生命中的比例因他娶了藝人維多利亞而加重，不禁讓我擔心會威脅到他的足球天賦。」

最諷刺的是，讓佛格遜與貝克漢產生爭執的主因是貝克漢對布魯克林的寵愛。一場七點開始由電視主持人赫蒙（Eamonn Holmes）主持的褒揚佛格遜的晚餐會，貝克漢一家人一直到八點五十五分才到場，只能坐在曼聯隊保全人員的身旁。不過，這樣的怠慢不是故意的，是因爲布魯克林不願意安靜下來，儘管保母不斷地安撫他也沒有用。等到貝克漢與維多利亞安心出發，已經嚴重延遲了參加這項重大場合的時間，第二天這則消息馬上見報。

另一件兩人因布魯克林而爭執的事件發生在兩千年二月十七日星期四，布魯克林當時十一個月大，住在高夫歐克，因爲生病發高燒而無法安靜入睡。第二天清晨，貝克漢拖著疲累與不情願出發前往曼徹斯特參加球隊訓練，當時球隊正爲了星期天對抗里茲聯隊的重大比賽緊密集訓。當貝克漢離開的時候，布魯克林的情況不好，這讓北上的貝克漢相當焦慮不安。等到開上高速公路約一個小時左右，貝克漢決定轉頭回家看護布魯克林因而錯過了早上的訓練。當貝克漢通知球隊因爲家裡小孩生病無法準時參加訓練的時候，球隊的人以爲他指的是艾德里的家。巧的是有人拍攝到維多利亞跟她的妹妹在騎士橋逛街逛了三個小時。據說因爲那天早上布魯克林恢復得很快，所以維多利亞跟她母親才會到當地的購物商場。

布魯克林康復了，但是貝克漢與佛格遜的關係卻瀕臨決裂。星期六當他回到球隊訓練時，怒氣衝天的佛格遜大聲公開地教訓了貝克漢，叫他要把球隊的事情擺在第一順位，接著就唐突地將貝克漢踢出新的訓練場地，叫嚷著：「滾出去！滾出球場，滾出去。」貝克漢無法參賽，被罰五萬英鎊，只能忍著恥辱，坐在邊場觀看比賽。幸災樂禍的《每日郵報》報導說這是一場紀律與誠實對抗明星與消遣的大勝利。

對於貝克漢而言，這是一次有益健康的經驗。他的父母，像以往一樣前往里茲觀賞這場球賽，認爲這次的事件證明了他們的擔心與警告都是眞的。不同於維多利亞以及維多利亞的家人，他的父母認識佛格遜，也非常清楚佛格遜嚴格的態度與他教訓自大的球員的歷史。泰德一開始聽到貝克漢遭到不上場處分的時候相當驚訝，但是爲了不要讓情況更糟，他說：「我不想火上添油，不管發生什麼，都是貝克漢與球隊之間的問題。」貝克漢的父母非常擔心這次的事件會危害到貝克漢在曼聯隊的事業。事後，佛格遜相信他嚴格的方式已經讓維多利亞與貝克漢恢復理智。他說：「這次事件的事後效應完全是正面的。它讓貝克漢清楚我希望他準備球賽的態度是非常認眞的。

他住在英國南部，對我，對球隊和他的隊友或是喜愛他的球迷，都是不公平的，對他自己的足球生涯也不公平。」維多利亞相當清楚足球的商機，而這次的經驗讓她知道如果惹火了佛格遜，可能會讓他毫不猶豫地將貝克漢賣給其他球隊。爲了要表現出她對丈夫忠貞，維多利亞將支持球隊視爲一種責任。

沒有人可以怪罪維多利亞不情願參加老特拉福德球場的球賽。球場上球迷對她與布魯克林的刻意中傷，不斷送到她家裡的死亡威脅，在在讓維多利亞擔心出現在公開足球比賽中的危險性。事實上，貝克漢也因爲擔心她的安危而告誡維多利亞不要出席兩千年歐洲盃對抗德國隊的重要比賽。當她拜訪老特拉福德球場，安全是她主要的考量。到達球場的時候，她是唯一可以將車子直接開到球場入口的球員妻子。她只要一出車子，就會有球場幹事安排讓她和同行的人可以直接安全進場。球場上的人注意到她上一季實際看球的時間少，大部分時間都待在球會的育嬰室陪她兒子。有很長一段時間，球迷們的叫囂吵雜聲音讓布魯克林很不安，因此，維多利亞只得拿棉花羊毛塞在兒子耳朵裡。同樣地，球迷及業餘攝影師的注意都讓維多利亞感到不自在。比賽之後，維多利亞會在球員休息室等待貝克漢，除了她婆婆之外，她誰也不搭理。除了某些例外情況，維多利亞一點也不想跟任何球員的家人或是曼聯隊的工作人員建立任何關係。即使是心不在焉的人也可以看出來維多利亞覺得參加球賽是一件相當煩人的事情。

唯一一次似乎讓維多利亞覺得開心的場合是看到布魯克林跟貝克漢在球場上同行，兩千年五月六日，曼聯隊參加英格蘭超級盃比賽，當天以三比一戰勝托特納姆熱刺隊（Tottenham Hotspur），是當季最後一場地主賽。然而，這次的經驗並沒有改變維多利亞對於足球的看法。儘管貝克漢享有足球場上的成功，賺取頂尖球員的薪資，她對兒子布魯克林的未來則有其他計劃：「我希望他做個高爾夫球選手，跟足球比起來，高爾夫球是個比較好的職業運動。」

# 第八章 飆車怒漢

POSH & BECKS

從他有記憶以來，克里斯．尼爾（Chris Neill）就想要當個專業攝影師。他還記得在他十四歲生日那天，他父親法蘭克送給他第一架相機－價值五英鎊的愛克發（Agfa）。「我現在想起來還會發抖呢」，他說。

十六歲時，他離開了曼徹斯特布萊克里（Blackley）地區的綜合高中，仍夢想著有天會有人刊登他的照片。他的第一份工作是在當地的曼徹斯特晚報擔任送報生，每週三十五英鎊卻甘之如飴，只因他可以盡情沈浸在對攝影的狂熱中。在一天辛苦的工作後，他會搭上巴士去當地夜校普蘭特丘（Plant Hill）上課，學習沖洗與曬印照片的技術。空閒的時候，他會在城裡閒晃拍照。一九九〇年史川吉威（Strangeways）監獄發生暴動，他在監獄外露營好幾天，看著犯人丟石頭和大聲咒罵，拍下一捲又一捲的照片。那些震憾的照片讓他首次獲得CNN的委託。努力工作和決心，讓威爾斯親王注意到他，提供他一筆一千五百元英鎊的獎助，讓他開始自己的攝影生意。

從那刻起，他建立起小公司來養活自己、妻子和五個小孩，其中兩個小孩來自前妻的第一次婚姻。他從事一般商業攝影工作：替婚禮拍照、拍肖像、商品等，情況好的時候，他一年可以賺兩萬五千元英鎊——這是貝克漢一星期賺的錢。

身為曼聯隊的球迷，他自然想要拍些運動照片，但機會不多。他一次又一次要求

曼聯隊讓他在比賽的日子裡拍照，但由於他是自由攝影師，沒有授權，因此球隊拒絕他的要求。現在，三十四歲的克里斯開始拍攝球員在老特拉福德球場（Old Trafford），或者他們開著昂貴的跑車離開訓練場的照片。這個身材苗條的曼徹斯特人和他的白色福特Fiesta變成聯隊球場裡很熟悉的景象。他拍下很多訓練後的照片，但是在一九九〇年代初期這些是不受重視的，因爲把足球員當成超級巨星的風氣才剛剛開始。之後艾力克・坎通納（Eric Cantona）來了。這位敏捷的法國人爲曼徹斯特隊增加了一些魅力、樂趣，還有不少的爭議。他飛腳踢了一位水晶宮的球迷後被禁止出賽幾個月，坎通納和曼聯隊爲此而受到媒體的抨擊。一天下午，克里斯到了聯隊的訓練場，注意到坎通納正在和朋友比賽，就拍了幾張照片。他不知道足聯禁止坎通納出賽，甚至包括一般的休閒賽事。克里斯以一千英鎊把照片賣給了一份國家報紙，結果爲坎通納和聯隊帶來更多的麻煩。對克里斯來說，他的好運也用完了。「我之前並不知道，至少有人要我的照片。」他回憶著。但他也付出了代價，這個球會一向敵視媒體，常爲他們明星球員的不幸譴責記者，這次則是怪罪攝影師，從不檢討自己不當的行爲。無論如何，克里斯付出的代價還是比較大。

他仍舊替一群鋒芒畢露的年輕球員拍照——尼基・巴特（Nicky Butt）、雷恩・吉格（Ryan Giggs）和菲利普．內維爾（Gary and Phil Neville），當然還有貝克漢。通常他們都很和善也很合作，而且其中幾個，包括貝克漢，要求他將照片裱框。有一次，一位有名的曼聯隊球員帶他去新家，並要克里斯幫忙把他光輝時代的照片裱框，好來佈置他新的遊戲間。但在曼聯隊球員開始佔領新聞頭版之後，他們對克里斯和另一位自由攝影師開始變得冷淡。

如果坎通納的到來點燃了媒體的興趣，那麼貝克漢和高貴辣妹間的羅曼史則讓情況更加熱烈。不管是媒體或是大衆都想要知道更多關於這對足球王子和流行樂公主的點點滴滴。在這對夫婦被介紹給威爾斯親王時，報紙頭條竟然不帶有任何諷刺意味的以「國王和皇后與查爾斯王子會面」爲標題。維多利亞的出現，徹底改變了曼聯隊。她變成高貴辣妹，她的音樂和形象讓她賺了大錢，她開始討厭那些靠拍她照片維生的自由攝影師。在辣妹合唱團早期的時候，攝影師還記得她既和善又順從，很熱切地幫忙。在她和貝克漢訂婚之後就經常上報紙封面，迅速繼承了過世的黛安娜王妃的衣缽，成爲小報最喜歡的封面女郎。她在倫敦街道上不斷被那些緊追不捨的狗仔隊騷擾，這些狗仔隊侵略性的態度讓他們成了受害人，就像過世的王妃曾說過的，覺得被「強暴」了。這些自由攝影師坐在露天咖啡座等著下一個名人自投羅網。他們用著近

乎污蔑的字眼談著高貴辣妹，一邊回想著在他們拍下這位媒體眼中的新王妃時，所遭受的口頭甚至身體的攻擊。一位有經驗的狗仔隊曾經跟拍過維多利亞，他說：「她現在脾氣壞又粗魯，她大可不必如此。其他的辣妹都還好，媚兒喜（Mel C）就很合作，名聲似乎沒有改變她，但維多利亞就轉變很多。也有人很謹慎，這些攝影公司知道高貴辣妹是他們的衣食父母，不想冒險讓她生氣。幾家攝影公司拒絕爲本書提供照片，擔心這會讓維多利亞生氣，這個女人的影響力已經深入小報新聞的心臟地帶了。

她這種不妥協的態度並不是特例。這就是所謂的「名人症候群」，這些媒體明星習慣有人奉承、隨侍左右，遇到有人不把他們當成偶像，他們就很難接受。所以歌星黛安娜．羅絲在西鐸（Heathrow）機場拒絕接受一般安全檢查，因爲她不相信她竟然也適用於一般人的規定。研究名人心理學的葛雷．威爾森醫生表示：「名人會變得狂妄自大，他們認爲沒有人敢惹他生氣。他想怎麼穿就怎麼穿，想做什麼就做什麼，也可以想對別人怎樣就怎樣，攝影師通常是這類行爲最常見的目標。」

在維多利亞用挑釁的態度面對攝影師之後沒多久，貝克漢也變了。克里斯．尼爾注意到這些改變幾乎是在維多利亞來到這裡沒多久就開始了。他和其他曼聯隊球員之間還是相安無事，但是一九九八年十二月在曼徹斯特中心的變身俱樂部外一場爭吵，讓他了解到他與貝克漢之間愉快的關係已正式告終。那是曼聯隊聖誕晚會，也是他第一次拍到貝克漢和維多利亞一起的照片。所有其他的球員與他們的伴侶們都很高興地擺出姿勢讓人拍照，然後這對夫婦來到會場，他一直等著懷著布魯克林的維多利亞步出勞斯萊斯，夫婦倆走向俱樂部時才拍了三張照片。他們的反應實在有些缺乏聖誕精神。「他們兩個走向我然後開始大叫，『混蛋，滾開，去做點有用的事。』我只是拍他們的照片而已。」這讓克里斯覺得非常不舒服。「我在貝克漢出生前就已經是曼聯的球迷了。」他說，「我最快樂的日子就是看到我的球隊贏得歐洲盃；所以當你發現你的英雄竟然如此粗魯的時候，實在是一大震驚。」

從那刻起，他開始習慣每次貝克漢看見他或他的註冊商標白色Fiesta時的辱罵和動作。克里斯並不是貝克漢對媒體與日俱增的猜忌唯一的受害者。有一天早上，貝克漢開著他的左座駕駛林肯Navigator，後座坐著布魯克林開往訓練場，此時他看到在場外有一組義大利電影工作人員。由於他們的出現讓他分心，結果他沒有注意到隊友安迪·高爾(Andy Cole)的勞斯萊斯，兩車就這樣慢動作地正面對撞，這可花了貝克漢好幾千英鎊。高爾看起來好像不太在乎，他因爲一連串的駕車違規記錄而被吊銷駕

照後，請了一位私人司機。因爲被迫坐在後座，他對駕駛的熱情就消失了。

另一方面，貝克漢自開車後，就鍾情於跑車和追求速度。就如他所說的，汽車是他的「驕傲和喜悅」。對他來說不能開車，會毀了他。他就像個拉丁情人一樣，迷戀一部吸引人的跑車的曲線和顏色，但是過了幾個月之後，就會拋棄它。有次他在艾德里一個代理商的前院看到了一輛兩噸重銀藍色的TVR跑車。他就像糖果店裡的小孩一樣，不管價錢多少都想得到它。當時價格比保時捷來得便宜，有人建議他直接去找TVR的製造商。他們在兩週內手造了一部車，後座還特別刻上了布魯克林的名字。但貝克漢很快就發現這只是一時的熱情而已。這部車很難駕駛，只開了幾百英里，熱情很快就消失了。不過，這又怎樣呢？貝克漢爲自己的任性辯護：「我喜歡換車子，而且只要我有能力的話，我就會繼續這樣做。擁有一輛好車並不是罪過。」他的第一部車是樸實的福特Escort，再來是福斯的Golf。當他和曼聯其他年輕球員如尼基・巴特（Nicky Butt）和加里・內維爾(Gary Neville)，獲贈Honda的Prelude當成他們第一部球會汽車時，貝克漢顯然讓經理很惱怒，因爲他用自己的錢替車子的內裝改成皮製的，輪子也是特別訂做的，他總想要與衆不同、獨樹一格。之後他開始追求BMW和保時捷，現在他擁有一排的車子，其中包括賓士SLK、林肯Navigator、一台頂級的勞斯萊斯，和維多利亞送給他的二十四歲生日禮物——法拉利550。他一直談到要在新家院子裡蓋一座賽車場，下午就可以和隊友們享受在威靈頓戶內賽車場賽車的樂趣。通常合約都會禁止他們從事如滑雪或騎摩托車這類具有危險性的活動。不過這些球員有佛格遜的特准。現在，貝克漢只能透過服飾來表達他對賽車的熱愛。所以當維多利亞拍攝錄影帶來推銷單曲時，就穿了一件黑黃相間、繡有冠軍車手凱文・史旺茲（Kevin Schwantz）名字的夾克運動。

飆車仍舊是場夢想，他還是愛開車，這個具有絕佳反應力的年輕人喜歡開快車，這可以從他一大堆罰單看得出來。他經常被人看到在快車道上講手機，雖然還沒有出過大車禍，但是他對速度的熱愛一定讓維多利亞擔心。在過去，酒和女人是成功運動員的陰影，喬治・貝斯（George Best）就是最好的例子，現在則換成飆好車。沒有比賽的日子，老特拉福德（Old Trafford）就是特別訂製的跑車展示場。唯有法律能讓這些競賽者慢下來，不過球會通常會盡全力掩護他們。

前鋒迪威特・約克（Dwight Yorke）因爲在Hale M56公路的直線跑道上駕著他的法拉利（Maranello）時速高達一百二十英里，而被特拉福德地方法官判處禁賽二個

月並科以罰金一千元英鎊。而他的同伴安迪．高爾（Andy Cole）則被取消資格六個月，並因超速罰以五百英鎊。一九九九年十二月佛格遜在法庭上表示，他超速是因爲嚴重腹瀉必須趕到老特拉福德球場（Old Trafford）的廁所，所以駕著BMW750開上了M62公路路肩，法庭接受這樣的理由而未將佛格遜定罪。另一次則由球隊支付650元罰款，好讓佛格遜免於超速的刑罰。

一九九九年十二月輪到貝克漢超速被捕。七月時，他已經在艾德里自己家附近因爲超速被捉，他很擔心這次駕照會被吊銷。他已經因爲先前的違規駕駛被扣十點，所以他和導師們已經計畫請一位專職的私人司機。但是這件事很快地變成複雜的案件。徹底揭露了現代名人的本質，政治關說的黑暗世界以及媒體、社會大眾甚至司法是如何被那些擁有名聲和金錢的人所操控。

在十二月初，就在貝克漢出庭前幾天，克里斯．尼爾和另一位攝影師在老特拉福德外等中鋒羅伊．基恩（Roy Keane）。基恩的延長合約糾紛就要解決，《每日郵報》已經要求尼爾拍攝一張這位愛爾蘭名人的照片。尼爾的白色Fiesta和同事的藍色Mondeo就停在前庭。就在此時，貝克漢走向克里斯然後開始一連串的咆哮辱罵，然後轉身就走。兩位攝影師都被這突然而來的激烈言辭給嚇呆了。

幾天之後，一九九九年十二月九日星期四，貝克漢站在地方法官前，解釋他爲何會在一條速限爲五十英里的公路上以時速七十六英里的速度被測速照相機照下來。他告訴法庭，他被嚇壞了，因爲他被一位駕著白色Fiesta的不知名狗仔隊攝影師追蹤了十英里。在三十五分鐘的宣誓證詞中，貝克漢說明他在返回艾德里家的路途上，是如何發現到那輛白色的Fiesta。車上的攝影師已經拍了一張照片了，那輛白色汽車仍舊繼續跟著他。「那輛車跟得好近，我覺得非常不舒服，」他說。還說在追逐過程中，攝影師企圖超越他那價值十五萬英鎊的法拉利好趁機再拍一張照片，差一點造成嚴重的車禍。「他已經偏離車道了，還在照相，他簡直是瘋了。」他說。貝克漢正在前往與隊友會合參加季前友誼賽，想到這位追逐者可能不只是個過分積極的攝影師時，他決定遠離以免發生嚴重的意外。「我呆掉了，」他告訴法官，「他開車的方式很危險，這把我嚇壞了。」繞了兩圈想擺脫另一輛車之後，貝克漢在道路上加快車速，就是這時候，警察的測速相機拍下了超速駕駛的相片。在兩分鐘之內，貝克漢打電話給溫斯洛（Wilmslow）警察局、曼徹斯特警察總局和交通單位解釋他的行爲。

貝克漢的辯詞令人馬上聯想到黛安娜王妃在巴黎發生的意外，她和愛人多迪法伊

德（Dodi Fayed）被狗仔隊追蹤，她們所乘坐的賓士因爲一輛神祕的白色飛雅特Uno而發生車禍。地方法官檢視警方錄影帶時，他們確實看到在貝克漢經過八秒之後出現一輛白色福特汽車。沒有人去追查那位駕駛。然而曼徹斯特警方表示沒有證據顯示那輛白色Fiesta的駕駛是在騷擾他，地方法官不相信貝克漢的故事，還表示他的行爲是「不合理的」。貝克漢被禁止開車八個月並罰款八百元英鎊，在地方法官拒絕了貝克漢宣判前可以保留駕照的請求時，他的律師採取了不常見的步驟——直接去找法官。

這時媒體開始掀起一陣尋找駕駛白色福特Fiesta的狗仔隊攝影師的熱潮。曼徹斯特有些人猜測那位闖禍的人就是克里斯．尼爾。他是兩個經常拍攝當地球員的自由攝影師之一，更巧的是，他有一部白色福特Fiesta。很快地，他的電話就響個不停。他媽媽問他爲什麼要高速追蹤名人，尤其是在黛安娜王妃發生意外之後。他太太愛德拉不但懷疑還指責他。她擔心一旦事情曝光，就沒有人要雇用他了，這樣他們就得賣掉自己的房子。雖然他極力否認和這次事件有任何關係，她還是不相信。然後各地報社也開始打電話來，儘管克里斯．尼爾否認，他們也不相信。一位《每日郵報》記者問他拍貝克漢的照片可以賺多少錢，是否值得他如此冒險高速追蹤一位足球明星。他的反應是：「那就好像是陷在惡夢裡出不來一樣。我想我再也不能工作了，除非我能證明我當時在哪裡。有陣子我以為警察會來逮捕我，這實在是很恐怖的經驗。」

他的舅舅福來德．霍敦（Fred Houghton）相信他的外甥是無辜的。對於貝克漢的證詞非常憤怒，因為貝克漢的證詞為他的家庭帶來嚴重後果。他厭惡看到法律的失敗，這位曼聯隊的終身球迷宣誓再也不會去看球隊出賽了。還來不及實踐他的話，幾個小時之後，五十九歲的他就因心臟病過世。「他的死因是否和他過分投入貝克漢的法庭案件有關，我們永遠都不知道了。」克里斯說。

正當克里斯試圖接受他舅舅過世的噩耗時，他同時也絕望地想要洗清他的罪名。他的朋友和家人都相信他最後一定會被人安上和追逐黛安娜的狗仔隊一樣的罪名。他變得更沮喪。他檢查他的日記看看在七月的那天他到底做了什麼事，這時他突然發現他具有確實的不在場證明。貝克漢宣稱被駕駛白色福特Fiesta的狗仔隊追逐的那一天，克里斯正在三千英里之外，和他五個孩子待在一位住在加拿大尼加拉瓜瀑布附近的親戚家裡。自此之後，他要去找任何一份工作時，都得帶著護照來證明他並不是那位罪犯。儘管如此，他還是受到很多責難，他只好換掉他那惡名昭彰的Fiesta車子，開另一部紅色的Mondeo。回想這一切，他說，「這對我和我的家人來說實在是很可怕的經驗，更別提我舅舅的過世了。如果我沒有去加拿大，護照上沒有蓋戳記，我想

我這一輩子就完了。」

克里斯尼爾正在痛苦的療傷時，貝克漢一家人卻是歡欣地在哈洛百貨花了五個小時進行聖誕節購物。貝克漢再次上了報紙頭條，因爲他選了一頂手工編織的西藏農夫帽子。四十八小時之後，他需要面見法官要求撤銷他的駕車禁令，這再次傷害他的英雄事蹟。

前一個星期六，當他們要離開商店時，遇到超過十個以上的攝影師在等著他們上車。這是例行公事。他們在門廳逗留，戴上棒球帽壓低頭，這樣攝影師只能拍到不好或不能使用的照片。一如往常，維多利亞走在前面，後面是貝克漢抱著布魯克林，他們的保鏢馬克·尼布特跟在後面。當他們經過等待的攝影師身邊時，就如往常一樣是一場混戰。維多利亞在上車時候把其中一個攝影師推倒，然後這一群人就開車走了。目擊到這場面的人看到第二天早上太陽報的頭條寫著「高貴辣妹嬰兒險被強行抱走」感到十分驚訝。這篇文章由一個資深的娛樂新聞記者獨家報導，文中表示高貴辣妹在一位瘋狂歌迷企圖抱走她的兒子時，是如何「勇敢地」把他打倒在地。很快地，有許多媒體就跟進報導，這個事件也由這對夫婦的發言人卡洛琳·麥克亞提爾（Caroline McAteer）證實。

根據這個故事的說法，這個不知名的怪人捉著布魯克林的手臂大叫：「我只是想要和布魯克林拍張照片，拜託，拜託嘛！」維多利亞被描述成「就像其他母親一樣」把那個人一把推開。報紙還繼續說這位二十五歲的歌手承認她被嚇壞了，擔心她兒子的生命安全。「大衛和我兩個就如同一般父母一樣被整個事件給嚇呆了。」奇怪的是，這個事件既沒有被哈洛百貨外的保全監視攝影機拍到，也沒有被等在他們賓士汽車幾英呎遠的十幾個攝影師拍到，也沒有找到那位宣稱是目擊者的家庭主婦。這會不會是一場精心設計的戲，故意發生在貝克漢前去面見法官拿回駕照前一夜？就如同《衛報》所述：「當頭條從『貝克漢拿偷拍者當擋箭牌躲掉超速責罰時大家的憤怒』變成『高貴辣妹如何制止外力侵略』，兩人也從被寵壞的名人變成了英勇的父母親。」

靠近現場的人們之間卻流傳著更為冷嘲熱諷的流言。哈洛百貨媒體公關麥克・曼（Michael Mann）對這樁可疑攻擊事件的看法：「這沒有被保全監視器拍到，而我們的拍攝範圍是很大的。沒有人看到——門房沒有、攝影師也沒有。我的看法是這個事件根本沒有發生，這是專為報紙設計的。」他繼續說：「根本沒有發生任何事件。在他們出去前，他們一直在五號門逗留。出去時戴上棒球帽遮住臉，把頭低下來。有個攝影師擋到路，維多利亞就將他推開。貝克漢這時有場官司，他利用這場意外來設計

讓他脫身。事實上沒有什麼瘋狂的影迷，維多利亞根本沒有力氣推任何人。」他們的前任保鏢也這麼認爲，他那時在店裡店外都跟著他們。「我們一直到第二天報紙刊登消息之後我們才談到這件事。」他回憶道：「事情很簡單，維多利亞就是喜歡整那些攝影師，讓他們難過。她討厭小孩子被拍到，這是她最主要的憂慮。大衛抱著孩子正走向汽車時，她脾氣正不好。她把一個擋在那兒的攝影師推倒，沒有人看到什麼。我當然沒看到任何事，他們也沒提到什麼。」

當全國正在思考這件媒體宣稱是耶穌誕生以來，最有名的小嬰兒布魯克林的威脅事件時，他的父親正準備要去皇家法庭面對貝利・伍德沃特法官(Judge Barry Woodward)，這個法官自己也收藏古董車。在宣誓證詞中，貝克漢再一次表示在這段期間他仍被狗仔隊追蹤。古怪的是，這位追蹤他的攝影師所拍攝的照片並沒有刊登出來，連貝克漢都得承認這些照片價值不少錢，應該不會就此消失。然而，他很快地告訴法官在哈洛百貨發生的意外。他先是告訴法官，在他和維多利亞結婚前，曾被兩車隊的攝影師追蹤。然後他解釋幾天前他離開騎士橋商店時發生的事情：「我抱著孩子，我妻子走在我前面……當我們走出去時，有人撲向布魯克林。我和我太太推開他們，然後我們就走進車子坐在後座。」

談到哈洛百貨時，他的律師告訴法官：「任何人都很難想像貝克漢的處境。就是像一場暴動一樣。他總是被人追蹤，但這次已經無法控制了，這正是壓斷駱駝背的最後一根稻草。」在五個小時審訊之後，伍德．沃特法官同情貝克漢，他把貝克漢形容成「誠實值得信任」的人，並把駕照還給了貝克漢。在判決中他說這個案子必須以特殊的角度來加以考量。「實際上，以加速來遠離追逐者是可以視爲特殊理由。」他說。他繼續表示：「貝克漢先生的感覺是可以理解的，在繁忙的公路上是很有可能發生時速五十英里的車禍。以他的名氣來看，已經發生過很多次類似事件，讓他覺得這會造成他和他的家人的危險而感到恐懼。」這項決定引起很大的憤慨。

在這次事件後，時事評論家馬克．勞森（Mark Lawson）馬上在《守護者報》（Guardian）上發表評論：「這是個法律上的里程碑，名人答辯已經變成英國法律的一部份了。」名人答辯——就是知名人士擁有不同的法律標準，起源於美國法庭，其中最有名的就是辛普森案件。這位好萊塢明星很在非常爭議的情況下洗清謀殺妻子和其情夫的罪嫌。

貝克漢眞的被白色Fiesta攝影師追蹤嗎？他眞的相信有個瘋子企圖傷害他們的兒子？不可諱言地，有一定程度的詭計和內幕存在於這些現代名流的日常生活中，尤其

是像貝克漢和維多利亞這樣的公衆人物。誇張的敘述、要求拍照的叫聲和造假的故事，都變成明星和媒體之間共生關係的一部份。就像聳動的小報頭條「佛瑞迪．史達（Freddie Starr）吃了我的倉鼠」這樣的假造故事可以成爲全國注目的焦點，成了事實和虛幻組合而成的超現實世界。在現代社會裡，對於政治人物、皇室或流行歌手的看法已經變成一種流行，有趣題材已經變得比眞相來得重要多了。

司法應是眞理的僕人，但是說客行爲最後還是影響了司法系統，導致體系的腐敗。這一切終究還是跟控制有關。吹噓的社會學控制著人們對名人、政治家或政府政策的看法，反應了大衆對名人的印象。從好萊塢早期和大衆娛樂事業的成長開始，名人就想要控制並且修飾他們的形象，這是一種滋養自戀的做法，相信每件事都必須反應他們的形象，符合他們的慾望。通常這種對控制的需求會變得很荒謬。

就如心理學家葛雷．威爾森醫生所說的：「明星變得有控制怪僻，與媒體和權力掛鉤，操控大衆關注的焦點，惡意報復那些讓他們覺得妨礙或騷擾的人。」在貝克漢受爭議的案件平息之後三個月，兩千年三月發生的事件顯示了明星黑暗的一面。當時，貝克漢因爲陪伴生病的兒子而錯過練習，佛格遜決定將他除名，這件事馬上啓動說客行動。親貝克漢派的媒體也把這次事件描繪成新好男人和頑固保守派經理的衝突。佛格遜要求貝克漢離開新的訓練場地時，貝克漢迷惘的樣子，那些關鍵性的照片正是克里斯拍下來的。這些照片刊登之後讓球隊和經理感到難堪，也羞辱了貝克漢。幾個星期之後，尼爾在靠近球場的地方等紅燈，貝克漢將車停在他旁邊，搖下車窗向他的車子扔了一把石頭，打破了乘客邊的車窗，然後闖紅燈揚長而去。

在形象至上的世界裡，克里斯·尼爾打破了第一條規則：完整呈現未經修改的事實。

# 第九章

# 維多利亞公共有限公司

POSH & BECKS

這原是爲威爾斯王妃黛安娜（Princess of Wales）所舉辦的輕鬆晚宴：白酒、義大利麵以及和朋友聊天的機會。對黛安娜而言，她的朋友，報業女繼承人凱特・曼薏絲（Kate Menzies）給了她一個機會遠離肯辛頓王宮（Kensington Palace）的幽閉生活。這位愉快的王妃出現在馬廄，她的私家偵探肯瓦夫（Ken Wharfe）正在那裡等她。她正和另一位賓客，皇家騎兵團（Household Cavalry）的大衛・瓦特豪斯少校（Major David Waterhouse）說笑，少校正試圖把一個氣球綁在汽車排氣管上。

一位年輕的狗仔隊攝影師躲在黑暗處，他拍下了王妃和年輕男子嬉鬧的尷尬場面。黛安娜的偵探發現了那位攝影師，他很快地採取行動，把相機底片抽出來。黛安娜面對那位年輕的攝影師，擦掉了憤怒與沮喪的淚水，她告訴他，他和他的同類讓她的生活變得一團糟。「我這個星期都很努力工作，」她說，「這是我唯一能出來的時間…我沒有多少朋友了，而你只會讓我的生活變得更糟。」

這個故事在一九八七年秋天爆發時，這位廿三歲的攝影師傑森・費瑟（Jason Fraser）變成大衆傳播媒體最痛恨的對象。媒體稱他爲「讓童話王妃哭泣的男人」雖然在媒體曝光讓他很困窘，但並沒有阻止他繼續拍攝。幾乎直到黛安娜死去的那天，傑森・費瑟一直跟蹤王妃，在倫敦各處偷拍她，連假日也不放過。

在所有狗仔隊裡，黛安娜最怕傑森．費瑟是有原因的。費瑟面貌英俊、通兩種語言、口才又好，和一般大眾印象中跟拍明星的攝影師形象大不相同。過去十年裡，他和其他的狗仔隊已經建立起密切合作的團隊，目標是有錢人和名人的玩樂場所。就是他組織販賣那些惡名昭彰的照片——在地中海的Jonikal遊艇上，黛安娜親吻他的愛人多迪．法耶德，那艘遊艇的主人正是多迪．法耶德的父親——哈洛百貨的老闆穆罕默德．法耶德（Mohammed al Fayed）。

在黛安娜死後，費瑟已經成功地拍到查爾斯王子的情人卡蜜拉．帕克．鮑爾斯(Camilla Parker Bowles)渡假的照片，還有其他名人如克勞蒂亞．雪佛(Claudia Shiffer)、喜劇演員羅蕊．布蘭那（Rory Bremner）和瑪丹娜（Madonna）等名人的照片。就像現代的獵人一樣，這位狗仔隊的首領以獵取名人為樂，特別是他帶著長鏡頭掛在直升機外的時候更是樂在其中。他殘酷無情、心思縝密、追求成功，費瑟承認對道德有自己的看法。

費瑟曾經碰巧與度完蜜月的貝克漢夫婦搭乘同一班飛機，在從尼斯回英國的航空班機上，他正巧坐在他們後面兩排。他看著貝克漢餵著寶寶，替他換尿布，在他哭的時候安撫他。後來他又看到布魯克林吐在他爸爸的藍色尼龍運動衫上。之後他說：

「高貴辣妹、貝克漢和布魯克林是我看過最和樂的畫面之一。」因為命運的捉弄，這位曾經讓黛安娜生活一團糟的狗仔隊之王，即將成為這對新「皇家」夫婦非官方的欽點攝影師。

所謂「欽點攝影師」是種替名人、狗仔隊、媒體和大眾提供更多照片的安排。在黛安娜死前，大眾對小報的內容嗤之以鼻，但是卻又享受偷窺明星私生活的快感。他們也許會批評那些用來卸除名人武裝的不正當方法，但他們喜歡看那些照片。因此刊登令明星難堪照片的小報銷售額大增，那些照片包括約翰·布萊恩（John Bryant）舔著約克公爵夫人（Duchess of York）——莎拉（Sarah）的腳趾；或者那些偷拍黛安娜王妃和多迪·法耶德約會的照片。然而自黛安娜過世後，狗仔隊就受到嚴厲的監督。英國媒體開始採取自清的步驟。偷拍的照片，尤其是兒童的，更被廣泛地禁止。

於是明星和他們的偷拍攝影師聯手創造了隨傳隨到的狗仔隊。新的手法使世界各地偷拍明星們玩耍的休閒照片到處流傳。明星們似乎沒注意到相機的出現，背景看起來似乎很隨意，這些照片本身看起來很新鮮又滿足人偷窺的心態。不像那些經由正式安排的，皇室享受滑雪樂趣時例行的照片，看起來就是不夠刺激。事實上這些照片根本不是隨機取得的，狗仔隊的拍照機會根本就是名人們設計的。狗仔隊事先接到明星

或他們的經紀人通知，達成合適的交易，事後這種仿偷拍方式的照片就會出現在媒體上。

大衆認爲他們發現了祕密，偷窺了明星的私生活；雜誌和報紙不但可以提供幻想，還能增加銷售量；名人自己則獲得金錢或宣傳上的利益。攝影師拍攝這些「未授權」的照片時，不會被拍攝目標辱罵、攻擊。一位資深的報業經理承認：「我們得到祕密的照片，明星得到宣傳、一個免費的假期和不少現金。」每個人都很高興。

有些名人承認願意參與這類的安排，大部分的人對參與這類共謀活動的指控感到憤慨，維多利亞也不例外。當她和妹妹露意絲開車參加騎士橋新泰國餐廳開幕時，好幾位狗仔隊接到電話通知。在她們被拍照之後，維多利亞向餐廳抱怨，指控他們向媒體透露消息。

在ITV新聞節目《今晚看崔佛・麥當勞》（Tonight With Trevor McDonald）中推測是她或者是露意絲策劃洩漏這些消息，不過遭到維多利亞強烈的否認。「這眞的讓我很生氣。」她這樣表示，「如果是我妹妹做的，他們應該會拿到更好更正確的消息，你說是不是？」

在與作家麥克・派特頓（Mike Pattenden）的一次談話中，貝克漢也對於他引誘媒體這種看法提出反駁。他指出他們的談話是他在這兩年來五次訪談中的一次，還說，除了將結婚照片以一百萬英鎊賣給《OK!》雜誌外，沒有任何出版業者付過錢給他。這次訪談是在二〇〇〇年三月底進行的，就在他以三百英鎊將他出名的金髮剃光之後幾天。他固定的設計師泰勒（Tyler）從騎士橋的沙宣沙龍到高夫歐克替他剪出這款陽剛甚至有點侵略性的髮型。當傳出昔日的長髮造型有了戲劇化的改變後，球迷們甚至到處翻找垃圾桶，希望能夠找到他一撮閃亮的頭髮來當作紀念品。但貝克漢並不是唯一的光頭，布魯克林也剪了一個光頭的造型，維多利亞則是由沙宣沙龍的首席染色美髮師幫忙把頭髮染成金色。每個人都想看看這家人新鮮又激進的外型，編輯們想著要替這些照片下這樣的標題：「貝克漢式髮型」。

貝克漢家並不曉得有攝影師在高夫歐克家外面紮營。他們已經計畫和他們新的狗仔隊朋友傑森·費瑟見面。要成功，他們必須避開其他的攝影師。貝克漢繼續維持他的傳統，戴上他的註冊商標棒球帽，好讓那些饑渴的相機鏡頭不能拍到他那全新的髮型。

他們打電話給當地的警察，確保他們可以擺脫狗仔隊的跟蹤，貝克漢一家成功地離開。不過，還是有部載滿攝影師的綠色速霸陸突破警方的防線展開追蹤。當他們開

到倫敦市中心的時候，一輛廂型車幫上忙，當時他的車子正好在攝影師車子的前面，巷子又是狹窄的單行道。在前面的貝克漢一家問他是否願意幫忙擋住後面的人。這個臨時計畫非常有效。這位司機停在T字形交叉路口，成功地把路給封死，讓那些狗仔隊沒辦法繼續跟蹤。幾分鐘之後，這對夫婦開進哈洛百貨附近的NCP停車場，傑森．費瑟在那裡等他們。他只需要一點時間來拍照。當時停車場的燈光很差，他要求他們帶著布魯克林穿越馬路，然後消失在哈洛百貨裡幾個小時，好讓他把這些照片賣掉。所以這對夫婦表情冷漠的走著，一臉不悅的顯示出對攝影師的憤怒。費瑟依約把這些偷拍照片賣給了《OK!》雜誌和《太陽報》。小報世界裡流傳著已經付錢給他們。

當照片被刊登出來後，錢的問題則成爲討論的焦點。貝克漢已經和男用洗髮產品製造商簽下贊助合約，有些評論家很快地就批評他沒有商業頭腦，因爲失去長髮會危急他的交易。維多利亞爲此打電話去廣播電台斥責這種說法。「貝克漢並沒因爲男用髮油那裡損失任何錢。」她告訴他們，「所以你說他剃光頭髮會損失四百萬英鎊，是個笨蛋，那你就錯了。他沒有損失任何一筆錢。如果因爲他把頭髮剪掉就要損失四百萬英鎊，我會發瘋的。」這對夫婦對這次事件的說法是因爲貝克漢厭倦了球迷們模仿他的樣子，所以把頭髮剃光。

無論如何，財務分析評估他的男用髮油的合約價值二十萬英鎊，對這位新聞人物來說只是一小筆錢。在他剪完頭髮之後沒有多久，男用髮油的合約就面臨重新談判。這不足爲奇，在費瑟的照片中，他穿著價值一百英鎊的Tommy HilfigerT恤，而這家流行服裝公司正考慮要和這位曼聯隊的明星簽下贊助合約。

這對夫婦再一次和他們最喜歡的狗仔隊連絡時是在二〇〇〇年五月，當時貝克漢爲維多利亞籌劃了一個「驚喜」假期，送她到托斯坎尼一個僻靜的別墅渡假。果不期然，傑森費瑟很高興地安排把這對夫婦的照片賣給《OK!》雜誌和《太陽報》，以及其他國外的雜誌。這次維多利亞的經紀人，組織外的艾倫・愛德華負責連絡這位攝影師和媒體。但媒體要更多照片。《OK!》雜誌出價十萬英鎊購買幾天後她們前往洛杉磯的照片。維多利亞已經約好要和知名的美國作曲家瑞特・勞倫斯（Rhett Lawrence）見面，這位作曲家曾爲蕙妮休斯頓（Whitney Houston）、媚兒喜和克莉絲汀(Christina Aguilera)寫過歌，維多利亞希望這位作曲家能爲她首張單曲唱片塡詞。

五月七日星期天，貝克漢一家在英國機場登上維京航空的頭等艙時，傑森・費瑟就坐在附近。但就跟皇室一樣，他們和媒體之間是不會有什麼眞的兄弟關係。這是生

意，不是友情。維多利亞和貝克漢對於這位狗仔隊之王的出現深感不安。

並不是因爲這位能言善道的費瑟熱衷於直接揭發眞相，他躲在樹叢裡或防風林後面的大膽技巧更是廣爲人知。兩邊都比較希望有距離地進行交易，貝克漢的經紀人艾倫或者保鏢馬克·尼布列特充當兩者之間的緩衝器。事實上，因爲和費瑟坐在同一班飛機上還住在同一家飯店——比佛利山五星級的半島飯店，讓維多利亞覺得很生氣。她堅持任何照片都得在假期的前幾天完成，這樣她才能好好休息。他們的計畫從一開始就出問題了。首先他們在洛杉磯機場被一個美國攝影師偷拍了照片。然後，這對夫婦在比佛利中心購物廣場的布明戴爾百貨附近閒逛，而費瑟就在附近拍照，一位安全警衛不曉得整個事件都是名人事先安排的，威脅要把騷擾這些名流購物的狗仔隊丟出去。

除此之外，布魯克林抱著一把Ralph Lauren的內褲照片拍得很好，不過，費瑟希望能夠拍到這對夫婦比較親密的照片。在經過一些技術性的溝通後，他們同意在飯店外面的噴泉再安排一次拍照。這可是一場不同以往的御前演出。這對「皇家夫婦」跟隨他們馴服的狗仔隊的指示，在噴泉前親吻和擁抱，和蹣跚學步的布魯克林踢足球。在維多利亞穿著繡有「搖滾明星」字樣的白色圓領衫去與作詞作曲小組會合時，貝克漢和孩子帶著保鏢去迪士尼樂園，攝影師也隨侍左右。

最後，費瑟終於讓他們享受平靜了。在他回到英國賣掉照片前，他要求貝克漢一家人不要出現在公開場合。他特別擔心貝克漢要去拜訪他最喜歡的籃球隊——洛杉磯湖人隊；他擔心如果貝克漢前往觀賽時被拍下照片的話，會降低他的照片的價值。因爲對這項運動和進入冠軍決賽隊伍的熱情，貝克漢不管這個要求，他參加了比賽，在那裡他遇到了達斯汀・霍夫曼（Dustin Hoffman）、傑克・尼克森（Jack Nicholson），還有德國足球好手克林斯曼（Jurgen Klinsmann）。此時，維多利亞也很高興，她的新情歌流份顯露出夫妻之間的親密關係。順利的渡過一個星期後，他們的女發言人卡洛琳・麥克雅提爾（Caroline McAteer）傳眞一份太陽報到飯店去，報紙的頭版上刊登了費瑟的照片，標題是：「貝克漢在美國」。

維多利亞一直強調要維持她兒子隱私的重要。「他是我們生活中唯一私人的東西，」她如此表示，「這就是爲什麼有人說我計畫出售他的照片賺錢時我非常沮喪。我們從來就沒有這樣想過。」在另外一個場合時她說：「布魯克林不會去拍照，直到他夠大了，可以自己決定他是否想做爲止。他不需要拼命賺錢。人們總是說：『他們

帶著一筆財富離開醫院。』這個眞的很傷人。」

費瑟又一次成功地記錄了這對夫婦帶著布魯克林在二〇〇〇年八月參觀當地動物園的畫面。就在維多利亞首張單曲唱片發行的前幾天，這些照片刊登在星期天的報紙上。有些刻薄的批評者會說：「他們曾發誓要讓布魯克林遠離相機的。」其實，維多利亞經營自己、貝克漢和孩子名聲的技巧應該獲得讚揚，影迷應該會喜歡他們對媒體之間的關係稍微坦率一點。他們已經清楚表示過他們對於媒體騷擾的看法。當貝克漢說：「當媒體闖入你的私人生活中，迫使必須改變生活方式，我想這就太過分了。」有很多人會同情他，當然他們有名流朋友的支持。在兩人交往過程中，貝克漢和維多利亞在艾爾頓・強位於法國南部的別墅做日光浴的照片曝光時，這位歌手向媒體投訴委員會正式提出抗議。委員會同意他們的看法，這些在《每日之星》（Daily Star）上刊登的照片確實有侵犯的嫌疑。

維多利亞的辣妹同伴媚兒喜也認爲整個國家對貝克漢一家的興趣已經變得不健康，對於他們的私生活的著迷已經與黛安娜王妃和多迪法耶德一樣了。「我們已經沒有黛安娜王妃可以追逐了，所以人們選上她（維多利亞）。」她如此表示。黛安娜的母親法蘭西絲・山德基特表示這段談話是很「傷人」也很「侮辱人」，她曾如此回應：「一位王妃和演藝人員是有很大差別的。」諷刺的是，維多利亞利用「黛安娜」來辯解她和媒體之間的交易。她辯稱在一個狗仔隊會爲了得到名人的照片用盡各種危險方法的世界中，不如挑選的合宜安全的偷拍者配合，以便保護自己的隱私。

不管是維多利亞還是貝克漢都沒有澄清關於他們是否從這類祕密交易中獲利，以及她們在公開場合所說的話與這些私下交易之間是否有任何衝突。然而，她們一方面控訴媒體，另一方面又利用媒體的明顯矛盾，正好幫助目前一場重要的辯論，這場辯論主要是討論對公衆人物的狂熱，公衆人物的隱私權和允許進入的界限。政府正考慮將此議題變成法案，在二〇〇〇年夏天這項法案已經列爲優先處理，因爲首相布萊爾自己的家人變成了媒體追逐的目標，首先是他的青少年兒子育恩的故事，然後是他的小兒子李歐受洗的照片。

布萊爾（Tony Blair）特別要求媒體要考慮到家庭聚會的隱私，並認爲刊登受洗照片正是一項侵犯隱私的行爲。當《熱力》（Heat）要維多利亞對於布萊爾的沮喪表示看法時，她不屑於他的反應，還表示她自己早就碰過更糟的狀況，其中包括頭版刊登布魯克林光身子的照片。「只有事情發生在自己身上時才知道嚴重性，但這種事情很久以前就開始了。」她說，「現在因爲這種事發生在他兒子身上，至少能有所改

變。這個國家也該有像樣的隱私權法令了。我並不抱怨大衆的關注，因爲這是我想要的，但我的家人並不希望隱私被剝奪。」

或許有些人會覺得她的評論既僞善又虛假，她自己找來狗仔隊拍她自己、她丈夫和兒子的照片，然後以六位數字的天價賣給流行雜誌，卻堅持大衆媒體應該要尊重她們的隱私。從某些觀點來看，維多利亞的論調就很容易了解：如果她和家人的照片被賣給報紙，那爲什麼她們不能分最大的一份？如果名聲是有價商品，那爲什麼狗仔隊可以免費獲得這些照片，因爲他們每偷拍一張照片都「偷走」一部份的名聲？貝克漢夫妻的行爲都建築在雙重標準之上，他們想要獨吞所有的好處。他們抱怨有人闖入他們自己還有孩子們的生活，但是當利益符合的時候，他們便自己製造這種侵入、曝光自己的隱私以便獲得名聲和利益。先不談雙重標準，這對夫婦在很多方面，非常具有生意頭腦，特別是維多利亞，懂得如何爲他們獲得最大利益。她體認到她們的光榮時刻短暫，所以她並不想錯失任何機會。公司把自己視爲市場機制中的商品販賣，爲什麼他們不能這樣做呢？她們從自己的名聲中獲利，而不是讓別人賺走，不是更好嗎？

自從以一百萬英鎊把結婚照片賣給《OK!》雜誌之後，貝克漢一家就因爲雜誌的報導而財源滾滾。《北方貝殼出版社》雜誌的老闆，渴望能在利用之餘，還能保護他們的金雞母。因出版暢銷色情雜誌而致富的出版商李察．戴斯蒙（Richard Desmond）就曾想過要設立「維多利亞與貝克漢」（Posh and Becks）的品牌，販賣一系列的產品，其中包括辣妹香水和化妝品以及有布魯克林簽名的睡衣系列。據說這對夫婦已經設立了一家公司——VDB來經營授權產品，公司名稱是由維多利亞、貝克漢和布魯克林名字縮寫所組成。他們並跟隨著美國明星的腳步，例如麥可．喬登（Michael Jordan），運用他們的名號賺取財富。另外還有維多利亞與貝克漢的連鎖餐廳、月曆、電影製作，甚至一所貝克漢足球學校。由於需要保護維多利亞與貝克漢品牌的利益，當《北方貝殼出版社》發現我正在寫一本有關於貝克漢一家的書時，他們寄給我和我的出版商具有威脅意味的存證信函。

當維多利亞與貝克漢品牌引起全國熱潮之後，也有人想要在國際間建立貝克漢個人的品牌，販賣運動服和遊戲，以便開發他龐大的國際潛力。他甚至決定如麥克．歐文（Michael Owen）、亞倫．雪瑞兒（Alan Shearer）和拳王納鑫．漢姆得（Naseem Hamed）進軍網路市場。根據財務分析顯示，他的淨值爲一百萬英鎊，每股價格爲2.75，遠比其他運動明星高。這場由他的經理湯尼．史帝文生和哈維．尼可斯

（Harvey Nichols）的老闆操作的交易如果達成目標的話，貝克漢的收入就會超過維多利亞。如同一位經濟觀察家所說的：「貝克漢已經是一位知名人物了，但他尚未征服全世界。」

各種商業提議已經成爲他們生活中的一部份了。這一刻貝克漢正考慮爲早餐穀片的上市站台，下一刻他們已經在討論爲花花公子雜誌拍裸照。對貝克漢一家來說，開發財源似乎是沒有界限的，別忘了這對夫婦不過才二十幾歲而已。尤其是維多利亞，無論是基於她的社會地位、她的野心，她挑選交易的精準眼光、對身分地位的努力經營，還有對自己和家人的野心，都使她成爲策動「維多利亞與貝克漢」這部商業機器的發電機。

就如樂評雷．康納利（Ray Connolly）所觀察到的：「維多利亞被其野心所驅使，她有著行銷的天賦，推銷自己的天才。如果她沒有成爲歌手的話，她一定會找到其他方法來讓自己賺上幾百萬。她是天生的企業家，不斷地爲什麼都買的消費者推出各種產品。」對一位曾經領救濟金的女孩來說，以她現在兩千四百萬英鎊的身價，成爲最富有的年輕演藝人員之一，是滿令人驕傲的事實。被指爲辣妹合唱團中最具商業頭腦的人也讓她感到滿足。她特別開心的是，前任的嗆辣妹歌手潔芮（Geri

Halliwell），僅有一千七百二十萬的身價。她的丈夫貝克漢排名第二十一，身價五億，僅次於網球選手提姆．漢蒙（Tim Henman）和利物浦足球好手羅比．佛洛（Robbie Fowler）。

就像許多白手起家的百萬富翁一樣，她對錢的態度有著很奇特的矛盾態度。她可以很高興地在一個早上花一萬五千英鎊買衣服，但同時卻對給計程車司機的小費斤斤計較。身為一個生意人的女兒，她形容自己是「束緊腰帶」不是沒有原因的。她不只對自己的錢非常小心，她還很清楚她的名聲地位可以幫助她獲得折扣。她非常驕傲地表示，從她出名後，Gucci給她七折的折扣。維多利亞就如同約克公爵夫人莎拉在裝潢新家時和商人討價還價一樣，也有些令人受不了的殺價手段。英國航空就發現她不是一個容易應付的對手，當她錄完最新一張辣妹合唱團專輯唱片後，從邁阿密返回曼徹斯特時她的行李被偷了。四個LV的行李箱，裡面裝有玩具、歌本——後來歸還了，但是許多設計師服裝都不見了。維多利亞對這個竊案非常生氣，更糟的是她回家以後沒衣服可以穿了。「我幾乎沒有衣服可以穿了，甚至連件短褲都沒有。」她說，「所有我最喜歡的衣服都在那些旅行箱裡。」航空公司因為讓她沮喪而付出昂貴的代價。

當她面對生意的時候，她就會變得十分冷靜。她不時會顯露出她較柔軟感恩的另

一面。一九九九年聖誕節後不久，她和妹妹露薏絲爲了節慶在當地的特易購和馬克與史賓瑟購物廣場逛街。逛街過程中，她價值四萬英鎊的訂婚戒指上的鑽石掉了，可能是她把手放在推車上的時候弄掉的。雖然她們提供五千英鎊的賞金，還是沒有辦法找到那顆鑽石。她爲此沮喪不已，她表示希望是哪位無家可歸的人找到那顆鑽石，然後可以用那些錢替自己買一幢房子。

她一直記得無家可歸的人的困境，尤其是當她開車經過倫敦市中心的時候，這裡有時候像個難民營一樣，有許多無家可歸的人，特別是年輕人，在門邊尋找可棲身的地方。辣妹的錄音室位在西城的懷菲爾德街上，當她在附近看到無家可歸的年輕人時，她總會在上車之前給那些可憐人一張十元或二十元英鎊紙鈔。在一次由無家可歸者所販賣的街頭雜誌《重大事件》（The Big Issue）的專訪中，她承認無家可歸者的問題讓人感同身受：「我仍舊覺得花錢是一種罪惡，」她說，「當有人在街上討生活時，實在很難找出正當理由花五千英鎊來買一件外套。」即使是面對經常嘲弄她的媒體，她也不想要成爲討人厭的人。當她在艾德里接受一位新聞記者採訪時，她請一位沒車的抄寫員搭便車一起回倫敦。在生日當天，她會去當地醫院並在兒童病房裡分送蛋糕，這已經變成一項例行公事了。她發現那些沒穿過的設計師衣服也可以拿來作慈善用途。在她妹妹和其他家庭成員已經仔細看過之後，這些衣服就會被放入黑色垃圾袋裡，然後送到高夫歐克當地的義賣商店去。「她非常慷慨，」一位慈善義工說，「人們總認爲她很高傲，不過他們沒有看到她的另一面。」

雖然是坐著勞斯萊斯去上學的，維多利亞飽嚐被排擠和失敗的滋味，直到成爲辣妹之後她找到了名聲，這種經驗讓她了解成功的喜悅。相反地，貝克漢是一個來自小康環境的勞動階級男孩，在他青少年和成人歲月中成功就已來到他的腳下。從他十六歲之後就待在曼聯學院裡，他並不瞭解錢的眞正價值。諷刺的是，在金錢上，勞動階級男孩的行爲比起他太太更像皇室的人。對他而言，金錢只是人生劇場的道具而已。當維多利亞在仔細算計時，他則是滿不在乎的。「這是我和貝克漢不同的地方。」維多利亞說，「他從來都不看價格的。」他似乎很高興讓她控制他的花費，即使是與他的最愛的車子有關消費。「如果她不希望我買，她就會打電話取消。」他承認。

雖然他們獲得財富的方式不同，但兩人毫無疑問地變成擺闊的國王與皇后。溫莎皇室由責任、對社會義務和貞潔樸素所支持，而這新的皇室成員則是將鋪張浪費和放縱奉爲聖經，Gucci、Prada和Donna Karan等名牌都是他們的神明。事實上他們每天都想要購物；在曼徹斯特的特拉福中心、倫敦的騎士橋，他們在一小時內所花的錢是

某些人一年的薪資，他們在珠寶、衣服和汽車上盡情揮霍。在一九九九年，貝克漢一個月花在私人飛機、頭等艙、手錶和跑車上的錢超過六萬六千英鎊。就像過去的貴族一般，他們渴望展現他們的財富。「這眞的很漂亮，」當維多利亞展示貝克漢在他們結婚週年時送給她的價值五萬英鎊的黑色鑽石戒指時，很自豪地說著。隨後貝克漢又買了價值三萬英鎊的搭配耳環當成她二十六歲生日的驚喜。就如心理學家葛倫威爾森博士所觀察到的：「他們永無止境的購物是爲了要提醒自己：他們已經成功了。對他們而言，財富是一個新的理想，他們對消費的狂熱正顯現了這對夫婦眼界太小，沒有想像力。他們現在所做的事，和許多人幻想中了樂透時要做的事情都一樣：大房子、酷炫的車子，還有所有錢能買到的東西。」

自從成爲全國的焦點之後，他們已經成爲社會上流階層，在這裡錢是第二順位。他們的假期才是眞正顯示出他們的成就。就如年輕皇室成員在他們知名富有朋友的別墅渡假一樣，貝克漢一家也跟著這麼做。他們是艾爾頓・強家的常客，而偉柏爵士（Lord Lloyd Webber）則是在他們蜜月期間邀請他們到他別墅去的。

在二〇〇〇年夏天，他們的聲勢如日中天，這時哈洛百貨的老闆，穆罕默德法耶德邀請他們到他位於法國南部的別墅，待在那裡的一週裡，他們與法耶德登上遊艇。

有位法耶德的朋友曾如此描述：「他常常在家裡招待皇室成員，所以貝克漢和維多利亞是以皇室身分被招待的說法一點也不爲過。」

這一次沒有一位攝影師拍下他們登上王位的照片。

第十章

# 芳心所望

POSH & BECKS

她不想出門，只想待在家裡。從她的言語當中，可以感覺出她的緊張。通常，她的情緒只有一種顏色——憂鬱的藍色，今天則是深藍色，她的憂慮中夾雜強烈的恐懼與怨恨，因爲威脅著他們生命安全的人使她感到失控。

可怕的威脅，讓專業的維多利亞緊張到想要放棄參加全英音樂獎。這項一年一度的音樂盛會即將頒發終生成就獎給辣妹合唱團。兩千年三月三日，就在全英音樂獎的前一天晚上，維多利亞收到了一封可怕的恐嚇信件，裡面有一張由報紙上剪下來的照片，照片上的她已經被子彈貫穿頭部，血流不止，還有一行可怕的字眼：「就要輪到你了！」他們馬上將它送交警方作法醫化學檢驗。維多利亞當時並不知道，前辣妹成員潔芮，也曾經收過類似的威脅信件。

就在頒獎典禮的幾個小時前，維多利亞與其他辣妹合唱團成員一起排練當晚的歌舞表演。她顯得焦躁不安，不知情的旁觀者可能會以爲她是因怯場而緊張，她不穩定的情緒使在場的每個人都感染到不安的氣息。就在排練結束後，她步下舞臺，舞台起重架上有人拿著紅外線雷射槍描準她的肩部，維多利亞以爲有刺客要槍擊，當場倉皇失措。一群警衛趕緊將她安置到私人的化妝間。資深警察爬上起重架，卻沒有發現任

何人侵入的跡象，而維多利亞則只能待在自己的化妝間焦慮的等待。

辣妹合唱團的表演是典禮的壓軸，維多利亞驚恐地熬過漫長的頒獎過程。終於輪到她們上台，從好萊塢明星威爾史密斯手中接受獎項之後，她們開始表演辣妹合唱團歷年的暢銷歌曲。就在辣妹合唱團上台前，前任辣妹成員潔芮，在一群保鑣護送之下戲劇性地離開頒獎會場，讓在場的觀衆錯愕不已。沒有人知道潔芮曾收到死亡恐嚇，因此許多人都認爲她的離場是想冷落現在的辣妹合唱團。潔芮離開辣妹後即不斷引起騷動，她的新單曲《Bag it Up》公然地冒犯維多利亞，指名道姓地表達出她對維多利亞的不滿，這次她更拒絕上台跟其他辣妹成員領取這項屬於他們全體的獎項。

維多利亞顯然沒有注意到潔芮的離場，其他的辣妹成員繼續演練著歌舞，其中最後一首歌歌詞裡的「再見」，不禁讓在場的所有觀衆認爲這是辣妹合唱團的絕響。歌舞結束後，舞台上一連串的爆破特效將觀衆帶入典禮的最高潮，維多利亞則已瀕臨崩潰。沒有人告知她這項終場特別節目，讓她以爲是附近有炸彈爆炸，她在極端恐懼之下哭了出來，最後需要同伴們攙扶才能下臺。觀衆還以爲她是被現場的氣氛感動，一直爲她們鼓掌加油，大聲喝采。等到她恢復平靜後，又勇敢地接受了簡短的電視與廣播訪問，事後與貝克漢以及娘家人一起加入辣妹合唱團的慶祝會。

潔芮的臨時離去並沒有讓維多利亞感到意外。自從一九九八年，潔芮在美國巡迴演唱前一天離開辣妹合唱團之後，她就已和維多利亞決裂。有次艾爾頓·強在電視節目中問維多利亞她對潔芮的看法，她無言以對，害怕自己一開口就是一連串辱罵的言語。辣妹合唱團員開始傳出不合之兆始於一九九八年五月二十八日，當時潔芮沒有跟其他辣妹一起出席國家樂透電視秀。維多利亞隱藏著心中的憤怒，圓滑地說：「潔芮目前身體不適，」後來又說：「自從她離開之後，我覺得很孤單。」而潔芮卻表現得較爲坦白。她們互相叫罵，在從芬蘭演唱回家的路上，發表種種對合唱團的不滿。而且潔芮還公開地在電視節目上發表她自己單飛的計劃。潔芮是個意志堅定的決策者，自從辣妹合唱團跟賽門·富勒分道揚鑣之後，潔芮就成了大家的經理。辣妹合唱團在潔芮離去之後，還能生存下去嗎？下一場演唱位於北歐奧斯陸（挪威首都），四位辣妹在沒有潔芮的情況下上場演唱。美國演唱會的行程也可能會因潔芮的缺席而受影響。

維多利亞對於潔芮的離開感到受傷和疑惑。「我眞的很想念潔芮，對於這件事，我眞的覺得很沮喪又失望。不過下一秒鐘，我又想要一拳打倒潔芮。我們會安然度過，我們相處的不錯，而我也很喜歡她。」儘管她的事業上受到創傷，但是生命還有

其他值得欣慰的事情發生。她剛剛成爲阿姨，她二十一歲的妹妹露意絲生了一個女兒——麗柏蒂。不過，一九九八年六月對於維多利亞與貝克漢而言，是充滿挑戰的一個月。當時維多利亞正在美國演唱，貝克漢則正在爲了九八年的世界足球盃代表英國出賽。維多利亞受到的好評超越貝克漢。貝克漢因爲一時衝動，在比賽時踢了阿根廷隊的球員西蒙，也因此被判紅牌下場。英國隊只剩下十個人對抗阿根廷隊，最後終於不敵而落敗，貝克漢也因此成了全世界的公敵。身心交瘁的貝克漢坐在休息間的第一件事就是打電話給維多利亞。之後，他遵從佛格遜的忠告飛往紐約，回到維多利亞溫暖包容的懷抱中。

六月十五日，辣妹合唱團成功地推出美國巡迴演唱計畫，第一場在邁阿密，兩個小時的演唱沒有任何人提及潔芮。辣妹合唱團天衣無縫地彌補了潔芮的聲部。維多利亞相當驕傲地說：「很幸運地，美國之行出乎意料的成功。這一趟巡迴演唱原本可能是很糟糕，而且有些人已經等著看好戲了。現在我倒是替潔芮覺得遺憾了呢！」美國的行程令人勞累，演唱會場衆多，每一站的路途又相當遙遠。這對維多利亞來說是天大的折磨，因爲她剛懷孕，每天早上都會因爲害喜而嘔吐，不過堅毅的維多利亞仍決心要完成每一場演唱，尤其是溫布萊運動場的演唱會已經售票一空，她不能讓歌迷失望。

自從潔芮離開辣妹合唱團之後，這個團體便走向不同的方向。布魯克林以及媚兒碧的女兒菲妮絲（Phoenix Chi）的誕生、讓維多利亞聲名大噪地婚禮都預示了辣妹合唱團即將走向終點。這個在一九九〇年中期橫掃英國的女子團體，每個成員都已長大成人，在她們的生命中，為襁褓中的寶貝換尿布、餵奶，變得和參加夜總會活動同等重要。

表面上所有的事情都跟以往一樣。當一九九九年秋天他們在北倫敦著名的艾碧路錄音間錄製第三張專輯的時候，維多利亞像以往一樣為辣妹們以及錄音室的工作人員帶了許多包油炸馬鈴薯片、糖果以及一種名叫亞斯提（Asti Spumante）的便宜香檳。她們在還沒有成名之前，就經常喝這種香檳。現在，這瓶香檳變成了她們的傳統習慣，只要在一起，他們就會喝這種香檳以紀念過往的好時光。不過，這次除了點心之外，維多利亞還帶了布魯克林來到錄音室，讓他和媚兒碧的女兒菲妮絲一起，待在擺滿了玩具的臨時托兒所。

辣妹們遇到美國黑人作詞家羅德尼哲金（Rodney Jerkins），新專輯就是由他負責製作。據說這位勤奮的美國人是個驚人的角色。辣妹們也知道他是箇中好手，每個人

都希望這張新專輯能帶來好成績。維多利亞可能比其他人都來的緊張，因爲她很清楚自己的聲音是四個人當中最弱的，她不想讓其他人失望。當製作人一直讚美她以及其他辣妹，自然讓維多利亞相當開心。有了好的開始，辣妹們開始戲弄哲金，不客氣地拿他每天吃六個漢堡的習慣，還有他身上沉重的黃金項鍊開玩笑。哲金與他的工作人員也不甘示弱反擊，合作關係充滿了歡笑與尊重。

貝克漢盡量花時間待在錄音室跟布魯克林玩耍，聆聽辣妹的歌聲。每一段錄音之後，他會告訴維多利亞她的表現很棒，藉以鼓勵她、增加她的自信心。貝克漢的鼓勵與支持，使維多利亞有信心繼續留在流行音樂界。誠如貝克漢在最近一次與《OK!》雜誌的訪談當中提到的：「我想她有一段自我懷疑的時期，因爲她休息了六到八個月沒有工作。布魯克林剛出生、我們剛結婚她大多待在家裡，而大眾會注意到其他辣妹們已經開始發行個人專輯，但是維多利亞卻沒有任何作品。」

辣妹成員們依舊互相支持。當媚兒碧爲一場倫敦流行秀走秀的時候，所有的人都出現在倫敦坎登城（Camden Town）的圓屋；當媚兒喜推出自己的第一張個人專輯時，所有的人也都在雪菲德（Sheffield）露面。當潔芮的單曲登上第一名的寶座時，維多利亞馬上安慰煩惱的寶貝辣妹艾瑪。

當所有的團員都試圖發展個人事業，同時又要維持對合唱團的忠誠度時，衝突緊張的氣氛難免不斷升高。媚兒喜首先承認團員之間的不合，她說：「每隔一天，團裡面就會有爭吵。」也許其他的團員會對維多利亞的高曝光率有所怨言，媚兒喜更是公開表示，她反對維多利亞奢華的生活型態，並批評她的婚禮「太誇張」。當維多利亞在飲食失調的爭議中參加流行時裝秀時，沒有任何一個辣妹團員到場爲她加油。「這是很清楚的訊息！」一位音樂同業如此表示。

音樂圈內很快就充斥著各種關於這個超級團體瀕臨解散的傳言。流行音樂權威強納森．金（Jonathan King）甚至呼籲辣妹各自單飛。各種有關於團員不出席錄音或會議的事件流言不斷。當成員們在倫敦與許多資深音樂人及他們個人的顧問討論未來的方向時，媚兒喜並未出席。會談之後，就有傳言說辣妹合唱團已經解散。事實上，當她們在邁阿密錄製第三張專輯時，媚兒喜已不在場，她是在事後才回到錄音間補錄自己的歌唱部分。

因性格與生活背景的差異，她們每個人有自己的路要走。一九九九年十二月，在曼徹斯特和倫敦有八場演唱會已經售票一空，她們花了好幾個星期在赫福郡的艾斯提錄音室排練，維多利亞從曲目抱怨到組織，一切看來都不對勁。儘管演唱會大賣座且

頗受好評，辣妹合唱團卻已失去了舊時的活力與投入。評論者注意到維多利亞參加一九九九年十二月在曼徹斯特的開幕演唱會時顯得不太情願，在舞台上的表現也不盡理想。他們認爲維多利亞已心不在焉，她那高傲的姿態使她和其他團員格格不入。或許對已晉身爲母親與妻子的她來說，「辣妹勢力」已不再重要了。在曼徹斯特的每一場演唱會，維多利亞與媚兒喜不再像以前一樣，在會後和團員及製作小組留下來喝一杯，往往下臺後就迫不及待離去。維多利亞似乎認爲她已經長大，不再適合像傻瓜一樣嬉耍玩樂。

辣妹合唱團從默默無名，到拿下至少八首冠軍單曲、兩張暢銷白金專輯，銷售三百五十萬張專輯、兩百四十萬張單曲的全球銷售紀錄，不過才短短的三年時間。然而在壽命短暫的流行音樂圈，這些都維持不了多久，辣妹樂迷的熱情似乎開始漸漸冷卻。在一九九九年十二月的《Smash Hits》雜誌裡，青少年讀者將辣妹合唱團票選爲英國最爛的團體。

儘管還在討論著兩千年的歐洲巡迴演唱計劃，但英國的演唱會顯然已成爲他們最後的演出。維多利亞心理充滿感傷，在倫敦伯爵廳最後一場演出之後，在舞台上哭了起來，想必是爲了逝去的美好時光而哭泣吧。讓人更傷心的是在這次演唱會之後，有一位工人爲了要拆除舞台而意外摔死了。這件事故無疑爲辣妹合唱團的解散更添悲劇意味。在演唱會後，辣妹們於硬石餐廳（Hard rocks）宣佈解散，會場中她們露出職業笑容，私底下已開始保持距離。

當辣妹合唱團於兩千年秋天推出第三張專輯，耶誕節推出雙A面單曲的時候，感覺上他們似乎只是爲了公開露面的機會而推出這張專輯。不過，團體解散並沒有跟辣妹們停止以合唱團的名義賺錢。維多利亞靠「辣妹有限公司」賺入大筆鈔票。此外還有辣妹製作、辣妹商品、辣妹香水、辣妹旅遊等等。同時，她還諷刺地成立了名字叫做《情緒化的墨迪》的製作公司，朝別的領域發展。

五個辣妹都在規劃自己的新事業，維多利亞在這方面的表現超越了其他團員。由於對自己的歌唱能力沒有信心，維多利亞剛開始並不確定要跟其他人一樣發行個人專輯，她決定先嘗試電視與電影。拒絕了在《豐盛的早餐電視秀》（The Big Breakfast）節目中擔任主持人的邀約，她花了好幾個星期錄製自己的電視紀錄節目——《維多利亞的秘密》。同時，她還隨時注意大銀幕的機會，參加了包括《霹靂嬌娃》以及《What's New Pussycat?》等許多角色的試鏡，同時閱讀許多劇本。她強調亮麗的角色並不是她所追求的，她想要嘗試的是喜劇演員，扮演「愚拙，笨頭笨腦的」電影角

色。

大部份找上門的演出機會都需要裸露，不然就是有激情的鏡頭，這些都是貝克漢絕不允許的。她曾說過：「我想貝克漢會很難接受這件事。」對維多利亞而言，電影事業一點前途也沒有。儘管《維多利亞的秘密》博得不少好評，但也只能算大衆一時的好奇，無法視爲事業發展的基礎。在倫敦與洛杉磯她和許多不同的媒體從業者見面會談，包括好萊塢導演奧力佛・史東。同時花了許多時間上表演課程。維多利亞說：「這些嘗試都相當有趣，我正在花時間開創自己的事業，我不想出任何錯誤。」維多利亞發現一個成功的流行音樂歌手並不一定能成爲成功的演員。她勇敢的接受各種挫折與失望。當她參加《古墓奇兵》中女主角蘿拉・克勞福的試鏡時，她對於這份工作有機會在許多異國的場景拍戲感到相當興奮，所以當她沒有得到這個角色時，想必相當失望。

從某些方面而言，維多利亞應該感謝佛格遜讓她重新振作個人的演唱事業。在佛格遜對貝克漢大發雷霆之後，維多利亞警覺到不管她想做什麼，爲了丈夫的事業，她都必須多花一些時間待在北方。這段期間爲了排遣寂寞，有人建議她和住在赤郡卡靈敦（Cuddington）附近的歌手蓋瑞・巴洛聯絡。一開始維多利亞不太情願，因爲這位前任的接招合唱團的歌手，這幾年來受到媒體嚴厲批評。維多利亞也許是怕兩人見面的消息傳開，會被解讀爲想要挽救事業危機的孤注一擲。結果他們的結合成果豐碩，維多利亞錄製了許多首抒情流行歌曲。這次的合作讓她興起到洛杉磯與另一位詞曲作家雷特・羅倫斯（Rhett Lawrence）合作專輯的念頭，一場新的事業契機正在呼喚維多利亞。

星期天清晨兩點，在倫敦西端查寧交叉路的亞士多利亞劇場，高貴辣妹正準備推出她的新單曲《你心之外》（《Out Of Your Mind》）。門外，是炎熱又潮濕的仲夏夜晚，街道上仍擠滿了群衆。

亞士多利亞劇場裡，「男同性戀俱樂部之夜」正熱鬧展開。擁擠的舞台上約有一千五百人，大部分是男人，他們緊貼著彼此的身軀，忘我的舞動、親吻著。當高貴辣妹出現在舞台上，現場陷入一片瘋狂。舞台後方的放影機正在放映《維多利亞的秘密》影片片段，在一片吵雜的舞蹈音樂聲中根本聽不到影片的聲音，舞曲間還夾雜著潔芮

的熱門歌曲《Bag It Up》混音，令人懷疑維多利亞是否同意播放這首歌曲。觀眾熱情洋溢——這些男生一直都喜愛辣妹合唱團，因爲當初演出《Wannabe》這首使她們名利雙收的歌時，就是由男同性戀俱樂部之夜贊助場地。俱樂部公關，同時也是安排寶貝辣妹地單飛演出的傑若米．約瑟夫說：「這裡對他們而言有許多昔日回憶。」

潔芮的歌曲淡出，接著丹．包威（Dane Bower）熱力四射的演出他最近的暢銷單曲「Buggin」。最後在舞台中央，燈光變暗，煙霧瀰漫，黑色的舞者穿著礦工樣式的頭盔圍繞著一位體態苗條，穿著金屬服飾的人物——高貴辣妹。她和舞者踩著經過嚴格排練的舞步，演唱著自己的歌曲，觀眾們瘋狂喝采。貝克漢的影像出現在舞台後的螢幕上，訴說著對妻子的款款深情，但是完全被淹沒在群眾的呼喊與喧鬧之中。當她高喊著：「你們覺得貝克漢在床上是隻野獸嗎？」維多利亞幾乎要逼瘋這些男人了，口哨聲此起彼落。

舞台後門有些典型的辣妹迷——舉止溫和的同性戀男子與未成年少女，他們圍在舞台後的出入口，希望可以獲得簽名照片。媒體的攝影師不停拍攝，然後趕回到報社輸出照片。隨從人員們和司機兇惡地命令這群守候在門口的迷哥迷姐離開，讓維多利亞可以快速進入賓士禮車，這群樂迷卻依舊熱情守候。維多利亞微笑著，同時簽了幾張海報之後就急急忙忙地離開了。

從維多利亞費力的想將自己的單曲推上排行榜第一名，就可以了解她的行事爲人。隨著辣妹合唱團風光不再，她也許是團員當中單飛之路走得最辛苦的人。其他團員紛紛推出新的個人單曲和專輯，維多利亞還是一事無成。她的失敗有許多合情合理的藉口，像是有個知名的丈夫；成爲一個知名的母親等。然而，她的行動力與過人精力卻不容她就此認輸，她也許沒有媚兒喜的天賦、沒有潔芮的獨立性，維多利亞決定以膽識和努力闖出一番事業。「我不是最好的歌手，也不是最好的舞者，但是我工作非常認眞。」她說。

她的四周總是包圍著一群支持者，包括她的家人、朋友，這使她過於依賴別人的關注。當她成爲衆人注目的焦點時，從她的肢體語言及談話中即處處顯露出與生俱來的神經質。她希望能得到每一個人注意，她希望每一件事都歸功於她。她的丈夫被形容成同性戀象徵，她兒子的照片在她發表單曲前一天一家人到動物園遊玩後便上了報紙版面。她還聲稱貝克漢曾在專輯中爲她跨刀演唱曲，結果光是爭論「貝克漢有沒有唱？」這件事，就佔據了上百份媒體專欄的版位，這一切正是透過精密的計劃和運作而達成的宣傳效果。她甚至不惜說出像：「如果單曲登上第一名，貝克漢會在老特拉

福德球場裸奔。」這樣的話來。當她的單曲於八月份發行的時候，維多利亞開始全國巡迴演唱的行程。她像著魔一樣，一星期旅行了八千英哩，在全國大大小小的唱片行裡唱著她的新單曲。同時，還飛到伊微沙島（位於地中海西部）演出。當維多利亞與貝克漢出現在歐得罕沃爾渥茲（Oldham Woolworths）宣傳她的單曲時，《太陽報》用了一則橫標，形容她是「情急拼命」。

令人歡欣的是，她的親友紛紛仗義相助。《OK!》雜誌的負責人李察・戴斯蒙（Richard Desmond）發現金給員工，叫他們在不同的店面購買她的作品。另一則更有趣的消息是一位神秘女子在維多利亞住家附近的沃爾渥茲超市購買了三十四張單曲光碟。儘管她的母親否認她試圖作票讓女兒登上排行榜，但是大家普遍的印象就是維多利亞會不擇手段讓自己的專輯爬上榜首。但儘管她十分努力卻仍功虧一簣，敗給了對手史匹樂（Spiller），僅獲得第二名。史匹樂（Spiller）團員蘇菲愛莉・貝克斯特說：「我們很榮幸讓高貴辣妹覺得如此受威脅，讓她爲了宣傳搞出這麼多花招。」爲了譏諷高貴辣妹，她還特地穿了一件印有「辣克漢」的短袖圓領衫。

雖然維多利亞在排行榜上失利，但是她似乎贏得了她自己內心的戰役，她證明了自己也可以單獨表演，而且能吸引到一定的群衆。例如在歐得罕（Oldham）的簽唱會，現場就聚集了六千位爲了一睹維多利亞與貝克漢眞面目的崇拜者，主辦單位不得不出動來騎警維持秩序。如同她自己承認的：「以前我是辣妹合唱團的一員，我總覺得現場的群眾都是爲了寶貝辣妹或是媚兒喜而來。這是第一次我見識到有這麼多人是爲了我到現場，我相當感動。」長久以來，辣妹合唱團帶給她的安全感與陰影已不再重要了。

維多利亞想要掌控所有事情的渴求，或許就是她和貝克漢對我提出控訴的理由之一。她與生俱來的不安全感，使她在婚姻或是事業上，皆無可避免的陷入自我宣傳的狂熱之中。野心勃勃，加上不安全感作祟，維多利亞是個可怕的傑出女性。即使有時她會缺乏信心，但她的丈夫總是在一旁爲她加油守候。

他們都是閃亮的明星，在一起便成了名人圈最耀眼的夫妻檔。儘管有時候維多利亞是個難以相處的人，兩人卻無疑是小報緋聞天堂裡，天造地設的一雙。

# 第十一章

# 2001 名人紀實

POSH & BECKS

從二〇〇〇年秋天到二〇〇一年的春天，維多利亞與貝克漢旋風似乎從未衰退。儘管維多利亞與丹・鮑伊所合作的單曲沒有登上第一名的寶座，《你心之外》（《Out Of Your Mind》）仍是兩千年最暢銷的第二名單曲，創下了十八萬五百八十四張的銷售量。貝克漢除了出版了一本自傳之外，還成爲ITV電視紀錄片、無數的訪問及一部曼聯隊紀錄電影的主角，獲頒英國榮譽隊長無疑是他事業的里程碑，這樣的成就對一位二十五歲的足球選手而言夫復何求？

二〇〇〇年結束時，貝克漢夫妻不僅被票選爲最具風格及最受歡迎的英國夫妻檔，還在《衛報》「英國最具影響力的人」的票選中獲得第五十九位，位居威爾斯王子之前，緊跟在保守黨魁威廉・海巨（William Hague）之後，被視爲千禧年的媒體新寵兒。皇家集郵社的成員之一彼得・詹寧（Peter Jennings）甚至建議維多利亞與貝克漢應該出現在英國郵票肖像的行列之中。

其他人也繼續推崇貝克漢夫妻檔，至少推崇他們吸引大衆的能耐。一幅十八世紀繪畫激發林敦・海斯力（Lynton Hemsley）的靈感，將貝克漢與維多利亞刻畫成古典神話中的人物——貝克漢是天神宙斯，而維多利亞是天神的妻子，半身裸露著。這幅

畫像在網路上拍賣，爲國際預防兒童受虐協會（NSPCC）募款。藝人亞德里‧恩路提（Adrian Luty）也利用上千張貝克漢夫妻的報紙和雜誌報導剪報創造了一幅巨大的拼貼畫，這幅畫後來作爲腦膜炎研究基金會慈善機構募款拍賣之用。兩千年三月，這對夫妻檔大方地參加諷刺大王艾里‧基（Ali G）在英國國家廣播電視的《喜劇解放夜》的電視訪談，爲了幫助科索沃孤兒，貝克漢和許多明星名流一樣捐獻了一本兒童書籍。同時，貝克漢代表他的球會與以賽特（Excite）英國公司捐贈給聯合國家兒童基金一張兩萬五千元英鎊的支票，以宣傳曼聯隊與該慈善機構的合作關係。

維多利亞與貝克漢的聲勢日益升高，兩人之間的關係也有重大改變。兩人費盡心思消除一般認爲維多利亞主導一切的觀念，希望大家認同貝克漢是個有主見的男人。維多利亞在ITV秋天紀錄片《大衛‧貝克漢的故事》（The David Beckham Story）中高聲呼籲，「這個親切溫和的男人，實際上是很有支配地位的。我需要大家的認同。」同樣地，在最近的訪問當中，貝克漢清楚地表示儘管他愛他的老婆，他不會因爲維多利亞偏愛其他球隊的條件就換到馬德里或是米蘭的球隊，這種事只有貝克漢自己才能決定。「有人說維多利亞要我退出曼聯隊，其實她根本沒有。球隊的事情最後會與家庭決定有關，但是那會是我的決定。」貝克漢如此告訴MUTV。

貝克漢可能像布萊恩・克勞（Brian Clough）以及佛格遜一樣大男人作風嗎？在《今日之賽》（Match of the Day）雜誌中，克勞曾在他的專欄中透露他對於貝克漢足球生涯的憂慮，一旦佛格遜離開目前曼聯隊經理的職位，他建議貝克漢「應該跟曼聯隊簽下一只新的長期合約」同時「說服他的老婆應該放聰明一點」。克勞繼續說：「我一向贊成年輕的時候就結婚，不過…婚姻當中應該是丈夫管理妻子。佛格遜跟我一樣也抱持這樣的傳統想法。」

新球季一開始，貝克漢比從前花更多時間待在曼徹斯特。不再通勤奔波於曼徹斯特與維多利亞偏愛的高夫歐克之間，使他在球場上的表現漸入佳境。

溫布萊體育場拆除之前，他希望把握最後一次進球機會。有鑑於一九九六年對抗紐卡斯爾聯隊只獲得一分的慘痛紀錄，貝克漢希望可以在兩千年十月，幫助英國隊在世界盃資格賽中對抗德國隊的比賽中獲得寶貴的三分。「這將爲溫布萊球場劃下完美的句點，」貝克漢說：「我對這個球場有許多美好回憶。我爸爸在我十歲、十一歲左右，常常帶我來參觀英國學生比賽，從那時候開始，我就已經開始夢想著在溫布萊球場爲英國隊和曼聯隊打球。」在三十四場國際比賽中，貝克漢只得一分，因此他也希望可以改善他在國際比賽的表現。結果，他的兩個願望都沒有實現。儘管英國隊在歐

盟兩千年的球賽當中勝過德國隊，不過德國在溫布萊的比賽中，卻打破了三十多年的傳統，以一比零打贏英國，全英國人民都覺得難以置信。

球場之外，爲了宣傳他的新書《大衛貝克漢：我的世界》（David Beckham：My World），貝克漢參與了一連串的簽名會，接受各式媒體的訪問。這本漂亮的書裡面充滿了這位足球明星光鮮亮麗的照片。成千上萬的球迷爲了買到一本有簽名的傳記大排長龍，也讓這本書成了暢銷書。貝克漢出現在宣傳訪問當中的形象比從前更好。儘管他總是對訪問感到緊張，但不像維多利亞，貝克漢不願意討論任何私人生活的細節，同時也顯得更沈穩自信，更有幽默感。例如，問起他最近的刺青——維多利亞的印度文，他承認他最初是想要用中文，而且他從住所當地的一家餐廳抄了字體。「結果我可能把『維多利亞』抄成了『炒飯』」貝克漢風趣地說。或許他還是別太在意他的刺青會比較好過一點。因爲儘管刺青師傅路易・莫力（Louis Molloy）曾經小心地諮詢過曼徹斯特佛教中心，以確定這上面的字眼不會造成任何不敬，《衛報》卻報導說印度語專家表示，在貝克漢左手臂內側六吋長的印度文事實上是寫著「維西多亞」。

最令貝克漢氣餒的經驗，是在英國國家廣播電視台的接受帕金森秀的訪問。訪問之前，他很擔心麥可・帕金森會用一些艱難的字眼把他搞得頭暈腦漲，加深外界對他

「親切但頭腦遲鈍」的印象。幾個月之前，維多利亞才猛烈抨擊過這種說法——她替貝克漢辯護說：「他之所以不在訪問當中使用文謅謅的字眼，是因為他是個運動員，而不是電視主持人。」過去貝克漢一直放任維多利亞代表他們發言，但是當他面對傳奇的脫口秀節目主持人帕金森時，他泰然自若且技巧高超地回答每一個問題，甚至責怪維多利亞在公開場合太多話。事後，一位運動專欄作家表示全世界都認為貝克漢在這次訪談中「表現得很好」。儘管不是最高禮讚，但是也算成功破除「頭腦遲鈍」的印象了。

當他成為兩千年秋天兩部黃金檔紀錄片的主角時，貝克漢證明了他是全英國注目的焦點。十月份，在曼徹斯特老特拉福德中心，舉辦了一場他的足球球會紀錄片電視牆首映會，貝克漢花了十五分鐘，才得以從大批的球迷群眾當中擠進會場。一個月之後，超過一千萬人民，幾乎是當晚電視觀眾的一半，鎖定觀賞ITV的紀錄片《大衛貝克漢的故事》（The David Beckham Story）。令人失望的是紀錄片的內容並不像貝克漢一樣精采。觀眾看到的只是枯燥乏味的居家生活。像是照相前的貝克漢刮鬍子的模樣；送他妻子上機場；談論他對購物、跑車和速食的喜好。不可否認地，這些就像他在節目中談到名聲的代價時所說的：「你必須溫柔地對待艱苦。如果你想要好處，同

樣地要接受隨之而來的壞處。」評論者都爲這部紀錄片無法捕捉到足球明星的眞實面，並對貝克漢無法好好展現他的生活感到惋惜。影片製作人反駁說，這部影片之所以會如此無聊是因爲貝克漢的生活就是如此。可以確定的是貝克漢夫妻與媒體之間的愛恨關係，註定要繼續糾纏下去。貝克漢針對新英國隊經理艾力克森的任命發表意見時曾說道：「我認爲每個人都應該給他一次機會。媒體可以創造或毀滅一個人。」

和貝克漢夫妻互動關係最好媒體就是《OK!》雜誌，這份雜誌一直都以正面的方式報導貝克漢夫妻。因此，當《OK!》雜誌負責人李察・戴斯蒙買下《快遞新聞》（Express Newspapers）的時候，他立即命令所有的員工要用正確的名稱提及貝克漢夫妻。據說貝克漢夫妻在參觀《快遞新聞》時曾痛斥該刊運動版的記者，說他們在報導裡「顚覆」他。他告訴記者們：「你們不需要再那樣做了。」暗示與他們新老闆之間的友好關係，將使編輯不得不對他們另眼相待。

維多利亞一向對外界的批評很敏感。貝克漢也無法自外於衝著他而來的議論，無論是媒體或球迷對他妻兒的批評，都會讓他氣憤緊張。兩千年十一月一場比賽，城市球迷試圖將貝克漢趕出球場，對他猛投銅板，強迫他低著頭從邊線離開。貝克漢感到這些辱罵已有愈演愈烈之勢，特別在布魯克林出世之後。在《OK!》雜誌最近的訪問中，他提到他有一本「小簿子」專門記載批評他的人。「我寫下所有讓我沮喪的人的姓名，」貝克漢說：「我不想公開這些姓名，因爲我希望在報復他們的時候給他們一個驚喜。我知道有一天我一定會報復的。」儘管他想要保持冷靜，但是在世界盃期間，他再次因爲發脾氣而付出下場的慘痛代價。九月份在曼聯隊戰勝PSV燕豪芬（PSV Eindhoven）的比賽當中，德國裁判馬克因貝克漢不服判決而向球會投訴，使貝克漢被歐洲足球協會罰款近四千英鎊。儘管這些事件顯示出貝克漢還是有可能在球場上情緒失控，不過這並沒有影響英國隊教練彼得．泰勒（Peter Taylor）於兩千年十一月授與貝克漢英國國家隊隊長臂章的決定。泰勒說：「他擁有良好的經驗，打球打得好，他值得這項榮耀。我不會擔心他的脾氣，從一九九八年的世界盃我就對他印象深刻。他在被判下場之後受到許多中傷，但是他因應的很好。」

這項榮譽使貝克漢欣喜若狂。「我無法相信，即使只在一場球賽中當隊長都讓我覺得受寵若驚，我居然可以在二十五歲的時候當上隊長！」可能是高興過了頭，接下來在北義大利的比賽他竟忘了攜帶他的「銀色的掠奪者」球鞋，他向來習慣在每場球賽上穿一雙新的球鞋，這些球鞋由重要的贊助商愛迪達提供。體育官員只好緊急爲他們的國家隊隊長弄來一雙球鞋。這不僅是件運動界的突發事件，也引起商界的高度關

注，因爲在重要球賽錯失商品曝光機會，每年投資球員、球隊百萬英鎊的贊助商可是會發火的。

連貝克漢自己也不願意失去這樣重要的贊助廠商。他目前的薪資已引起不少揣測。根據《週日時報》（《Sunday Times》）調查，貝克漢年收入約五百二十萬英鎊，除了在曼聯隊的固定薪資之外，代言合約——例如警察牌太陽眼鏡兩年的合約，爲他增加了近一百萬英鎊收入，雖然還是比不上馬德里隊的路易·菲高等球員的收入水平，但這使得貝克漢的收入首度超越了維多利亞。世事無常，我們永遠不知道貝克漢是否會一輩子待在曼聯隊踢球。儘管觀察家認爲不管是從球員生涯或經濟利益去考量，或許貝克漢該換到國外的球隊，進一步發揮潛能，但貝克漢本身並沒有任何想要離開這個他深愛的球會的計劃。

當貝克漢的事業與前途成爲衆人的焦點時，維多利亞則顯得較爲沈寂。她投身於自傳與她的第二張個人專輯。二〇〇一年春天，她試圖主持電視節目《維多利亞貝克漢之夜》（An Evening with Victoria Beckham），節目中由她演唱專輯歌曲，同時邀請觀衆發問。結果維多利亞不僅在排行榜上輸給蘇菲·愛莉貝克斯特（Sophie Ellis-Bextor），同時發行個人專輯的壓力與辛苦都對維多利亞脆弱的精神狀態造成傷害；

八月份她就因爲病毒引起的腦膜炎生病住院。二〇〇〇年十一月，維多利亞參加辣妹合唱團發行第三張專輯《永遠》（Forever）的發行活動。不過，儘管大肆宣傳，這張專輯僅僅短暫地停留在前十名，然後很快就滑落榜外，甚至沒有出現在美國排行榜內。雖然單曲《大聲叫喊》（Holler）曾經登上第一名，音樂評論家大聲地宣佈辣妹合唱團已壽終正寢。音樂作家瑞克・史凱（Rick Sky）說明：「很明顯的這個團體已經完了，他們似乎一點也不享受音樂，或是有任何創作音樂的渴求。」

辣妹樂迷似乎已經遠離他們了。在一份青少年雜誌當中，辣妹合唱團被選爲最爛的專輯、最爛的單曲、最爛的音樂錄影帶以及最爛的團體，同時，維多利亞則和黎安・葛拉罕一同被票選爲「悲哀的失敗者」。辣妹們勇敢地捍衛著他們的形象，說儘管他們各自有自己的事業，但是他們還是不時會聚在一起。但是裂痕已經相當明顯，寶貝辣妹艾瑪承認說辣妹合唱團未來不可能再巡迴演出。維多利亞則是說：「目前，我們僅存一點點辣妹合唱團的餘音。」說明了辣妹合唱團不可能復合的訊息。或許是他們該優雅地退出，創造新契機時候了。

結局，充滿了傷害和侮辱。二〇〇一年二月，報導說新的樂團《聽說》（Hear,

Say）在作曲家約翰．麥克連手中，挑走了原本要給高貴辣妹維多利亞唱的一首歌曲。Hear'Say樂團是由上千位電視節目《流行之星》（Popstars）的觀眾票選出來的，擁有大批支持者。「我們決定給《流行之星》一次發行專輯的機會，給高貴辣妹另外一首歌曲。」約翰．麥克連如此告訴《每日之星》（Daily Star）。維多利亞仍在硬撐著。她表達想要與備受爭議的饒舌歌阿姆（Eminem）合作的意願，或許是因爲她欣賞這位歌手，又或者是她覺得有必要沾染其他明星的氣息。在失去了辣妹合唱團的標誌之後，高貴辣妹並沒有經營出個人風格，她能否成功仍是個大問號。媒體不斷以「很快地她會發現自己已經是昨日黃花」等標題描繪維多利亞，未來對她而言必定充滿荊棘。

在音樂之外，謠傳她可能得到流行的美國影集《六人行》當中的一個角色。她多變的外形與維持形象所需的昂貴費用，是讓她這些日子以來獲得注目的主因。好幾個小報報導她在幾個月內就更換了九種造型，一項報導聲稱她一年花了五萬英鎊在頭髮上。二〇〇一年一月，維多利亞因爲旅行箱失竊一案出席法庭作證，馬克．奧利佛因在去年邁阿密轉機亞特蘭大的班機上偷竊維多利亞的旅行箱而受到控告。媒體因這次的案件大肆宣揚挑剔她旅行箱的內容物與她昂貴的花費。維多利亞不但因爲喜好設計師名牌服飾當衆受辱，還因爲在一趟短程旅行攜帶大量服飾而受到批評。在她交給警察的失物清單中，有超過一百件設計師服裝。她花錢如流水的生活型態成爲大家公開恥笑的話題。

這次出庭對維多利亞來說是個相當不愉快的經驗。雖然說馬克．奧利佛是偷竊罪犯，讓維多利亞因爲遺失種種物品而飽受壓力——歌曲歌詞、具有情感價值的照片和紀錄兒子成長的寶貝書，裡面還有一撮布魯克林的頭髮，但是這場訴訟卻演變成一場對維多利亞生活型態的審判。

貝克漢表示維多利亞現在不再爲了辣妹合唱團忙碌，有多一點時間留給他和布魯克林。「我們有公衆事業，但是我們試著要作正常普通的父母，」貝克漢如此表示。管理監督他們豪華的索伯里沃宅院的整修工程，也花費大量的時間，貝克漢夫妻自從一九九九年購買了這棟豪宅之後，一直都還沒有搬進去住。不僅屋內大肆改裝，他們也花費了上千英鎊在花園的景觀、裝置錄音室、在布魯克林的嬰兒室加上佈滿星星的圓頂等。根據《每日郵報》報導，嬰兒室的一面牆壁上裝潢著壁畫，裡面的貝克漢是位王子，而維多利亞是她的新娘。除了花園之外，還有涼亭、閣樓、湖泊和三座眺望

臺。

貝克漢的足球的事業因爲二〇〇一年二月授與國家隊隊長臂章而更進一步。當時他們正在對抗西班牙隊，這場比賽英國隊以三比零獲勝，但貝克漢半場就被換下，對勝利毫無建樹。

貝克漢對教練凱文．基更離開曼聯感到遺憾，而且爲他的決定辯護，他告訴MUTV，球員自己必須爲國家隊體能不佳負責：「到頭來，英國隊球員必須出場有所表現，不只是爲了球迷或是球隊經理，而是爲了我們自己。」儘管一開始有報導說貝克漢認爲新的英國隊經理應該是位英國人，貝克漢還是歡迎艾力克森的上任，而且積極地在他的領導下發揮長才。

無論艾力克森和曼聯隊對貝克漢有何計劃，貝克漢自己相當清楚自己的目標。「我希望人們以後見到我會說：『他是世界上最好的』。這是我的目標。」貝克漢的抱負應該會實現；另一方面，維多利亞可能會在圓夢的路上遭遇困難。可以確定的是，貝克漢與維多利亞將會持續在未來的媒體報導上出盡風頭，他們依然會是英國最重要的明星夫妻檔。

# 貝克漢與維多利亞—新皇族的真實人生

作　　者　安德魯．莫頓（Andrew Morton）
譯　　者　殷文馨

發 行 人　林敬彬
主　　編　張鈺玲
編　　輯　蔡佳淇
美術設計　周莉萍
封面設計　周莉萍

出　　版　大都會文化 行政院新聞局北市業字第89號
發　　行　大都會文化事業有限公司
110台北市信義區基隆路一段432號4樓之9
讀者服務專線：（02）27235216
讀者服務傳真：（02）27235220
電子郵件信箱：metro@ms21.hinet.net
Metropolitan Culture Enterprise Co., Ltd.
4F-9, Double Hero Bldg., 432,Keelung Rd., Sec. 1,
TAIPEI 110, TAIWAN
Tel:+886-2-2723-5216　Fax:+886-2-2723-5220
e-mail:metro@ms21.hinet.net
郵政劃撥　14050529 大都會文化事業有限公司
出版日期　2003年2月初版第1刷
定　　價　280 元

I S B N　957-28042-6-X
書　　號　98010



大都會文化 METROPOLITAN CULTURE

## 國家圖書館出版品預行編目資料

貝克漢與維多利亞：新皇族的真實人生／
安德魯．莫頓（Andrew Morton）著：殷文馨譯
——初版——臺北市：大都會文化發行
2002〔民91〕 面；　公分. 譯自：Posh&Becks
ISBN：957-28042-6-X（平裝）
1.貝克漢（Beckham，David，1975）傳記
2.貝克漢（Beckham，Victoria，1975）傳記
3.運動員-英國-傳記
4.歌星-英國-傳記
784.18　　　91022894

北區郵政管理局
登記證北台字第9125號
免貼郵票

大都會文化事業有限公司
讀者服務部收

110 台北市基隆路一段432號4樓之9

寄回這張服務卡(免貼郵票)
您可以：
◎不定期收到最新出版訊息
◎參加各項回饋優惠活動

# 大都會文化 讀者服務卡

**書號：98010 貝克漢與維多利亞—新皇族的真實人生**

謝謝您選擇了這本書！期待您的支持與建議，讓我們能有更多聯繫與互動的機會。日後您將可不定期收到本公司的新書資訊及特惠活動訊息。

A.您在何時購得本書：_____年_____月_____日

B.您在何處購得本書：__________書店，位於__________(市、縣)

C.您從哪裡得知本書的消息：1.□書店 2.□報章雜誌 3.□電台活動 4.□網路資訊5.□書籤宣傳品等 6.□親友介紹 7.□書評 8.□其他__________________________

D.您購買本書的動機：（可複選）1.□對主題或內容感興趣 2.□工作需要 3.□生活需要 4.□自我進修 5.□內容為流行熱門話題 6.□其他_________________________

E您最喜歡本書的（可複選）：1.□內容題材 2.□字體大小 3.□翻譯文筆 4.□封面 5.□編排方式 6.□其它

F. 您認為本書的封面：1.□非常出色 2.□普通 3.□毫不起眼 4.□其他_____________

G.您認為本書的編排：1.□非常出色 2.□普通 3.□毫不起眼 4.□其他_____________

H.您通常以哪些方式購書：(可複選)1.□逛書店 2.□書展 3.□劃撥郵購 4.□團體訂購5.□網路購書 6.□其他_____________

I. 您希望我們出版哪類書籍：（可複選）1.□旅遊 2.□流行文化3.□生活休閒 4.□美容保養 5.□散文小品 6.□科學新知 7.□藝術音樂 8.□致富理財 9.□工商企管10.□科幻推理 11.□史哲類 12.□勵志傳記 13.□電影小說 14.□語言學習（____語）15.□幽默諧趣 16.□其他_______________________________________________

J.您對本書(系)的建議：__________________________________________________

__________________________________________________________________

K.您對本出版社的建議：_________________________________________________

__________________________________________________________________

讀者小檔案

姓名：_________________ 性別：□男 □女　生日：_____年_____月_____日

年齡：□20歲以下□21～30歲□31～50歲□51歲以上

職業：1.□學生 2.□軍公教 3.□大眾傳播 4.□ 服務業 5.□金融業 6.□製造業 7.□資訊業 8.□自由業 9.□家管 10.□退休 11.□其他 ____________________________

學歷：□ 國小或以下 □ 國中 □ 高中／高職 □ 大學／大專 □ 研究所以上

通訊地址：_______________________________________________________

電話：（H）_____________（O）______________傳真：________________

行動電話：______________ E-Mail：_____________________________________